Naviguer le Stress : Expériences Authentiques pour une Gestion Équilibrée

Chapitre 1 : Introduction au Stress
- Comprendre le stress : définition et manifestations
- L'impact du stress sur notre vie quotidienne
- Les différents types de stress

Chapitre 2 : Mes Premières Expériences
- Mon premier contact avec le stress
- Les facteurs déclencheurs de stress dans ma vie
- Comment j'ai réagi face au stress initial
- Les leçons apprises et les changements opérés

Chapitre 3 : Les Mécanismes du Stress
- Le rôle du système nerveux et de l'hormone du stress (cortisol)
- Le cercle vicieux du stress et de l'anxiété
- L'impact du stress chronique sur la santé physique et mentale

Chapitre 4 : Techniques de Gestion du Stress
- La respiration profonde et la relaxation musculaire progressive
- La méditation et la pleine conscience
- L'importance de l'exercice physique et d'une alimentation équilibrée
- La gestion du temps et des priorités

Chapitre 5 : Gérer le Stress au Travail
- Les sources de stress professionnel
- Équilibrer vie professionnelle et personnelle
- Communiquer efficacement avec les collègues et les supérieurs
- Trouver des stratégies pour faire face au stress au travail

Chapitre 6 : Stress et Relations Interpersonnelles
- Les conflits familiaux et les problèmes de communication
- Les amis toxiques et les relations néfastes
- Comment établir des relations saines et positives
- Cultiver l'empathie et la compassion dans nos interactions

Chapitre 7 : Stress et Bien-Être Émotionnel
- L'impact du stress sur notre bien-être émotionnel
- Gérer les émotions négatives et développer la résilience
- Les stratégies pour favoriser un état d'esprit positif
- Pratiquer la gratitude et la pensée positive

Chapitre 8 : Stress et Autogestion
- La nécessité de s'accorder du temps pour soi
- L'importance de l'auto-compassion et de l'amour de soi
- Identifier et respecter ses limites personnelles
- Trouver un équilibre entre les obligations et les loisirs

Chapitre 9 : Faire Face aux Situations Stressantes
- Stratégies pour faire face aux événements imprévus
- Gérer le stress lié aux changements majeurs dans la vie
- Surmonter les épreuves et les périodes de crise

Chapitre 10 : La Gestion du Stress à Long Terme
- Maintenir de saines habitudes de gestion du stress
- Intégrer des pratiques régulières de relaxation et de méditation
- Trouver un soutien social et professionnel
- Évaluer régulièrement son niveau de stress et s'adapter en conséquence

Conclusion

Chapitre 1 : Introduction au Stress

Comprendre le stress : définition et manifestations

Le stress est une réaction naturelle du corps face à des situations perçues comme menaçantes, exigeantes ou déstabilisantes. Il s'agit d'une réponse physiologique et psychologique qui vise à nous préparer à affronter les défis de notre environnement.

La définition du stress peut varier d'une personne à l'autre, mais on le décrit généralement comme une sensation de tension, d'anxiété ou d'urgence qui envahit notre être. Il ne s'agit pas uniquement d'un sentiment mental, car le stress se manifeste également physiquement. Certaines personnes décrivent des palpitations cardiaques, une respiration accélérée, des tensions musculaires ou des maux de tête lorsqu'elles sont stressées.

Les manifestations du stress diffèrent également d'une personne à l'autre. Certaines personnes peuvent ressentir du stress lorsqu'elles sont confrontées à des situations spécifiques, comme prendre la parole en public ou passer un entretien d'embauche. D'autres peuvent être sujettes à un stress plus constant et généralisé, qui peut se manifester dans différentes sphères de leur vie, qu'il s'agisse du travail, des relations interpersonnelles ou des responsabilités familiales.

Il est important de reconnaître les signes de stress, car ils peuvent avoir un impact significatif sur notre bien-être global. Outre les symptômes physiques déjà mentionnés, le stress peut également se manifester par des troubles du sommeil, des changements d'appétit, des difficultés de concentration, des irritabilités ou des sautes d'humeur.

En comprenant les manifestations du stress, nous sommes mieux préparés à y faire face. Il est essentiel de développer des stratégies de gestion du stress adaptées à nos besoins individuels. Certaines personnes trouvent du réconfort dans des activités relaxantes comme la méditation, le yoga ou la lecture. D'autres préfèrent l'exercice physique pour libérer les tensions accumulées. Trouver des méthodes de relaxation qui nous conviennent peut nous aider à réduire les effets néfastes du stress sur notre corps et notre esprit.

En résumé, le stress est une réaction naturelle du corps face aux défis de la vie. Il se manifeste à la fois physiquement et mentalement, et ses manifestations peuvent varier d'une personne à l'autre. En prenant conscience de ces signes et en développant des stratégies de gestion du stress adaptées, nous pouvons mieux faire face aux situations stressantes et améliorer notre bien-être global.

L'impact du stress sur notre vie quotidienne : une lutte émotionnelle

Le stress s'immisce insidieusement dans notre vie, laissant une empreinte indélébile sur notre bien-être global. Ses effets dévastateurs touchent notre corps, nos émotions et notre mental, créant ainsi une lutte émotionnelle incessante.

Physiquement, le stress se manifeste par des troubles du sommeil, des maux de tête lancinants et des tensions musculaires persistantes. Chaque nuit sans repos, chaque battement de cœur devient un rappel des tourments qui nous accablent.

Sur le plan émotionnel, le stress ravive l'anxiété et nourrit nos craintes les plus profondes. Une boule d'angoisse étouffe notre poitrine, nos émotions deviennent tumultueuses, oscillant entre colère, irritabilité et tristesse. Les relations interpersonnelles se tendent, les liens se fragilisent.

Mentalement, le stress engendre une perte de concentration, rend les décisions difficiles à prendre et crée un chaos mental fait de pensées tourbillonnantes.

Face à cette lutte émotionnelle, prendre conscience de l'impact du stress sur notre vie quotidienne est essentiel. Il est temps d'agir et de reprendre le contrôle. Pour cela, nous devons nous armer de stratégies de gestion adaptées. La relaxation, la pleine conscience et l'activité physique sont autant de chemins vers le soulagement. Le soutien de nos proches est précieux dans cette quête d'équilibre retrouvé.

Nous devons cultiver la résilience et l'acceptation pour affronter les embûches du chemin vers le bien-être. Pas à pas, nous pourrons apaiser les flammes dévorantes du stress et redonner des couleurs à notre vie quotidienne.

Car au-delà des tourments, un espoir vibrant émerge. L'espoir de trouver la paix intérieure, de faire face au stress avec force et détermination. L'espoir de reprendre les rênes de notre vie, d'écrire notre propre histoire et de voir éclore un quotidien épanoui, où la joie et la sérénité sont au rendez-vous.

Explorez les différents types de stress : quand la tension prend des formes insoupçonnées

Le stress, cet invité indésirable qui se glisse sournoisement dans nos vies, ne se limite pas à une seule forme. Il existe une multitude de visages que le stress revêt, chacun avec ses propres caractéristiques et conséquences.

D'abord, il y a le stress aigu, ce frisson éphémère qui survient lorsque nous sommes confrontés à une situation soudaine et intense. L'adrénaline monte en flèche, notre rythme cardiaque s'accélère et notre corps se prépare à réagir en un instant. Ce type de stress peut être stimulant, nous permettant de relever des défis avec une énergie décuplée.

Ensuite, il y a le stress chronique, une présence persistante qui s'installe dans notre quotidien. Les exigences incessantes du travail, les responsabilités familiales écrasantes ou des situations de vie stressantes prolongées peuvent déclencher ce type de stress. Il s'accroche à nous, érodant notre énergie et notre résistance, laissant un impact insidieux sur notre bien-être physique et mental.

Un autre visage du stress est le stress anticipatoire, cette appréhension constante qui accompagne les incertitudes et les attentes. Nous nous retrouvons pris dans un tourbillon d'inquiétudes face à des événements futurs, imaginant les scénarios les plus sombres. Cette tension préventive peut nous épuiser émotionnellement et nous empêcher de profiter pleinement du moment présent.

Le stress lié aux relations interpersonnelles est également une réalité commune. Les conflits familiaux, les problèmes de communication ou les dynamiques toxiques peuvent générer une tension émotionnelle constante. Les liens qui devraient nous apporter réconfort et soutien peuvent devenir une source majeure de stress, affectant notre équilibre et notre bonheur.

Enfin, le stress environnemental, souvent négligé, joue un rôle dans notre bien-être. Les bruits incessants, les foules oppressantes, les espaces surchargés peuvent déclencher des réactions de stress chez certaines personnes, altérant leur qualité de vie au quotidien.

Face à cette palette de stress, il est essentiel de prendre conscience des différents visages qu'il peut revêtir. Chaque type de stress demande une approche spécifique pour le gérer efficacement. Que ce soit par la pratique de techniques de relaxation, l'adoption de stratégies de gestion du temps, ou la recherche de soutien social, il est possible de trouver des solutions adaptées à chaque forme de stress.

N'oublions pas que la clé réside dans la prise de conscience et la volonté d'agir. En explorant les différentes facettes du stress, nous nous donnons les moyens de mieux comprendre et d'affronter les tensions qui jalonnent notre chemin. Ainsi, nous pouvons reprendre le contrôle de notre vie, en apprivoisant les multiples visages du stress pour avancer vers une existence plus équilibrée et épanouissante.

Chapitre 2 : Mes Premières Expériences

Mon premier contact avec le stress

Je me souviens encore de ce jour où j'ai fait face à mon premier véritable contact avec le stress. C'était comme si une vague d'émotions inconnues s'était abattue sur moi, m'emportant dans un tourbillon tumultueux.

Tout a commencé lors de mon premier examen à l'université. J'avais passé des nuits à réviser, à me préparer mentalement, mais rien ne pouvait prévoir l'ampleur du stress qui allait m'envahir lorsque je me suis retrouvé devant cette feuille blanche. Les battements de mon cœur s'accéléraient, mes mains tremblaient légèrement et mon esprit était envahi par un mélange d'anticipation et de peur.

Cette expérience m'a révélé une facette inattendue de moi-même. J'avais toujours été une personne calme et posée, mais devant cette situation stressante, j'ai découvert un aspect de moi que je ne connaissais pas. Le stress m'a plongé dans un état d'incertitude où chaque seconde semblait durer une éternité.

Ce premier contact avec le stress a été un véritable électrochoc. Il a mis en lumière ma vulnérabilité et m'a rappelé que nous sommes tous sujets à des émotions intenses lorsque nous sommes confrontés à des défis. J'ai réalisé que le stress était une réaction naturelle, un signal de notre corps et de notre esprit pour nous préparer à affronter des situations exigeantes.

Au-delà de l'inconfort initial, cette expérience m'a également apporté des enseignements précieux. J'ai compris que le stress n'était pas un ennemi à combattre, mais plutôt un indicateur de notre engagement et de notre désir de réussir. C'était un rappel que nous sommes capables de dépasser nos limites, même si cela implique de sortir de notre zone de confort.

Depuis ce premier contact avec le stress, j'ai appris à mieux le comprendre et à développer des stratégies pour le gérer. J'ai découvert l'importance de la respiration profonde pour apaiser mon esprit agité, ainsi que l'importance de prendre des pauses régulières pour me ressourcer. J'ai aussi réalisé qu'il était essentiel de me donner du temps pour moi, de pratiquer des activités qui me permettent de me détendre et de retrouver mon équilibre intérieur.

Ce premier contact avec le stress a été une leçon de vie précieuse. Il m'a ouvert les yeux sur ma capacité à faire face aux défis, à embrasser l'inconnu et à grandir à travers les épreuves. Il m'a montré que le stress peut être un catalyseur pour le développement personnel, une force qui nous pousse à repousser nos limites et à découvrir notre plein potentiel.

Ainsi, chaque fois que je ressens à nouveau cette tension familière du stress, je me rappelle de ce premier contact. Je me souviens de cette leçon précieuse et je choisis de l'accueillir comme une occasion de croissance et de dépassement de soi. Car, au final, ce premier contact avec le stress a été le point de départ d'un voyage intérieur, une exploration passionnante des profondeurs de mes émotions et de ma résilience.

Les facteurs déclencheurs de stress dans ma vie :

une danse délicate entre les défis et la résilience

Au fil des années, j'ai appris que la vie est une symphonie complexe de moments de joie, d'accomplissements et de défis qui suscitent des émotions intenses. Parmi ces défis, il y a ces facteurs déclencheurs de stress qui se sont frayé un chemin dans ma vie, secouant l'équilibre fragile de mon existence.

Parmi ces facteurs déclencheurs, les responsabilités professionnelles se sont souvent imposées comme des sources de tension inévitables. Les délais serrés, les objectifs ambitieux et les attentes élevées ont créé une pression constante sur mes épaules. Chaque journée de travail était une danse effrénée entre l'accomplissement et le sentiment de ne jamais en faire assez. La recherche incessante de l'équilibre entre ma vie professionnelle et personnelle devenait une tâche ardue, me laissant parfois le cœur lourd.

Les relations interpersonnelles ont également joué leur rôle dans ma quête d'équilibre émotionnel. Les conflits familiaux, les désaccords avec des amis proches ou les tensions dans les relations amoureuses ont fait naître des tempêtes émotionnelles qui semblaient déchirer mon cœur en mille morceaux. Les interactions humaines, si belles et si complexes, peuvent parfois devenir un déclencheur de stress, nous confrontant à nos vulnérabilités et à nos propres limites.

Les changements de vie majeurs ont également été des facteurs déclencheurs de stress. Qu'il s'agisse d'un déménagement, d'un changement de carrière ou d'une perte importante, ces moments de transition ont fait basculer mon monde dans un tourbillon d'incertitude. L'inconnu m'a effrayé, mais il m'a également poussé à me réinventer, à trouver en moi une force insoupçonnée pour faire face aux défis qui se dressaient devant moi.

Il est important de reconnaître ces facteurs déclencheurs de stress, car ils nous rappellent notre humanité, notre capacité à ressentir et à être vulnérables. Ils sont les fils invisibles qui tissent la trame de notre parcours de vie, créant une symphonie unique, faite de hauts et de bas, de défis et de triomphes.

Cependant, au-delà de ces déclencheurs de stress, il y a aussi la résilience qui émerge, tel un phénix des cendres. La résilience est cette force intérieure qui nous permet de rebondir face ux défis, de trouver la lumière dans les moments les plus sombres. C'est la conviction profonde que nous sommes capables de faire face aux obstacles, de nous relever et de randir grâce à eux.

insi, je me suis rendu compte que les facteurs déclencheurs de stress ne sont pas des nnemis à combattre, mais plutôt des compagnons de route qui nous accompagnent dans otre quête d'accomplissement et de transformation. Ils sont les catalyseurs de notre roissance personnelle, nous invitant à nous découvrir, à nous réinventer et à embrasser otre plein potentiel.

Dans ce livre, je partage ces moments où les facteurs déclencheurs de stress ont forgé ma personnalité, m'ont permis de me surpasser et de découvrir la profondeur de mon être. C'est une exploration intime et authentique des émotions qui ont jalonné mon chemin, un écit qui célèbre la résilience humaine et les possibilités infinies qui s'offrent à nous lorsque nous embrassons les défis avec courage et ouverture.

Comment j'ai réagi face au stress initial

Lorsque j'ai été confronté à mon premier stress réel, je me suis retrouvé plongé dans une situation professionnelle délicate. J'avais reçu une promotion inattendue qui comportait de nouvelles responsabilités et une pression accrue. L'idée de devoir diriger une équipe et prendre des décisions cruciales m'a fait perdre mes repères.

Les jours qui ont suivi ont été une véritable montagne russe émotionnelle. Je me suis senti dépassé par les attentes, submergé par les doutes et les craintes de ne pas être à la hauteur. Mes nuits étaient hantées par l'insomnie, et chaque journée était une bataille constante contre les pensées anxieuses.

Mais je ne voulais pas me laisser submerger par le stress. J'ai décidé de faire face à cette situation avec détermination et de transformer ce défi en une opportunité de développement personnel. J'ai commencé par me plonger dans la matière, étudiant les compétences requises et cherchant à en acquérir de nouvelles. J'ai également cherché des mentors et des collègues bienveillants pour me guider et me soutenir tout au long de ce parcours.

En parallèle, j'ai adopté une routine de gestion du stress. La méditation et la pratique de la respiration profonde sont devenues mes alliées, m'aidant à retrouver un état de calme intérieur et à apaiser mes pensées anxieuses. J'ai également pris soin de mon bien-être physique en faisant de l'exercice régulièrement et en accordant une attention particulière à mon alimentation.

Lorsque le moment est venu de prendre des décisions importantes et de diriger mon équipe, j'ai ressenti une combinaison d'appréhension et de détermination. J'ai pris le temps de me recentrer, me rappelant que j'avais été choisi pour ce rôle et que j'avais les compétences nécessaires pour réussir. J'ai abordé les défis avec confiance, en m'appuyant sur mes connaissances et en faisant preuve d'ouverture d'esprit pour apprendre de mes erreurs.

Le soulagement que j'ai ressenti après avoir réussi à relever ces défis était immense. Je me suis rendu compte que le stress réel, bien qu'intimidant, pouvait être une source de motivation et de croissance personnelle. Cette expérience m'a permis de découvrir des facettes de moi-même que je ne soupçonnais pas et de renforcer ma confiance en mes capacités.

Cet épisode a été un tournant dans ma vie professionnelle. Il m'a enseigné que le stress peut être un catalyseur pour notre développement, nous poussant à sortir de notre zone de confort et à repousser nos limites. J'ai appris à canaliser mes émotions pour les transformer en une force motrice et à trouver un équilibre entre l'assurance et l'humilité.

Ainsi, face à mon premier stress réel, j'ai choisi de réagir avec courage et détermination. J'ai appris à faire face aux défis, à m'appuyer sur mes connaissances et à rechercher le soutien de ceux qui m'entourent. Cette expérience a été une étape cruciale de ma vie, me permettant de grandir et de me développer en tant que professionnel.

Les leçons apprises et les changements opérés

une transformation profonde face au stress

À travers les épreuves du stress, j'ai reçu des leçons précieuses qui ont laissé une empreinte indélébile sur ma vie. Chaque rencontre avec le stress a été une occasion de grandir, de me réinventer et d'opérer des changements profonds pour mon bien-être et mon épanouissement.

La première leçon que j'ai apprise est de reconnaître que le stress n'est pas un ennemi à combattre, mais plutôt un messager qui révèle nos zones de vulnérabilité et de croissance. En embrassant cette réalité, j'ai accepté de me confronter à mes peurs, à mes limites et à mes émotions les plus profondes. J'ai appris à m'écouter attentivement, à honorer mes besoins et à accueillir mes émotions avec bienveillance.

Une autre leçon précieuse est de développer des stratégies de gestion du stress adaptées à mes besoins et à ma personnalité. J'ai découvert que chaque individu a sa propre boîte à outils pour faire face au stress, et il est essentiel d'explorer différentes approches pour trouver celles qui fonctionnent le mieux pour moi. De la méditation à l'exercice physique, de l'écriture thérapeutique à la connexion avec la nature, j'ai expérimenté diverses techniques pour cultiver mon équilibre intérieur.

J'ai également appris l'importance de cultiver la résilience. La résilience est cette capacité à rebondir face aux adversités, à transformer les défis en opportunités de croissance. En développant ma résilience, j'ai renforcé ma confiance en moi, ma capacité à m'adapter aux changements et ma résistance face aux situations stressantes. J'ai compris que je suis plus fort que je ne le pense et que je peux traverser les tempêtes avec courage et détermination.

Les changements que j'ai opérés dans ma vie ont été profonds et significatifs. J'ai appris à prioriser mon bien-être et à créer des limites saines pour préserver mon équilibre. J'ai appris à dire "non" lorsque cela est nécessaire, à respecter mes besoins et à ne pas me laisser submerger par les attentes des autres. J'ai également appris à cultiver la gratitude et à me concentrer sur les aspects positifs de ma vie, même dans les moments difficiles.

Ce parcours de transformation n'a pas été sans obstacles, mais il m'a permis de me connaître plus profondément et de développer une relation plus aimante avec moi-même. J'ai appris à accueillir le stress comme un catalyseur de croissance, à utiliser mes émotions comme des guides précieux et à embrasser le changement avec confiance et courage.

Ainsi, les leçons apprises et les changements opérés m'ont permis de transformer ma relation avec le stress. Je ne le vois plus comme un fardeau insurmontable, mais plutôt comme une occasion de me découvrir, de grandir et d'embrasser pleinement ma vie. Je suis reconnaissant des défis qui se sont présentés à moi, car ils ont façonné la personne que je suis aujourd'hui, une personne plus résiliente, plus équilibrée et plus épanouie.

Chapitre 3 : Les Mécanismes du Stress

une danse complexe entre l'esprit et le corps

Lorsque nous sommes confrontés à des situations stressantes, notre corps entre en action grâce à un duo puissant : le système nerveux et l'hormone du stress, le cortisol. Cette danse complexe entre l'esprit et le corps nous permet de faire face aux défis et de nous adapter à notre environnement changeant.

Le système nerveux est divisé en deux composantes principales : le système nerveux central et le système nerveux périphérique. Le système nerveux central, composé du cerveau et de la moelle épinière, joue un rôle crucial dans le traitement des informations sensorielles et la prise de décision. Le système nerveux périphérique, quant à lui, est responsable de la transmission des informations entre le système nerveux central et le reste du corps.

Lorsque nous sommes confrontés à une situation stressante, le système nerveux autonome, une branche du système nerveux périphérique, est activé. Il est subdivisé en deux composantes : le système nerveux sympathique et le système nerveux parasympathique. Le système nerveux sympathique est responsable de la réponse de lutte ou de fuite, préparant notre corps à l'action en augmentant la fréquence cardiaque, la respiration et la circulation sanguine vers les muscles. C'est dans ce contexte que l'hormone du stress, le cortisol, entre en jeu.

Le cortisol est sécrété par les glandes surrénales, situées au-dessus des reins. Lorsque le système nerveux sympathique est activé, il envoie un signal aux glandes surrénales pour libérer le cortisol dans le sang. Cette hormone a plusieurs effets sur notre corps. Tout d'abord, elle augmente les niveaux de glucose dans le sang, fournissant ainsi une source d'énergie immédiate pour les muscles. Elle favorise également la lipolyse, la dégradation des graisses, pour fournir une réserve d'énergie à plus long terme. De plus, le cortisol modifie la réponse immunitaire, inhibant temporairement les réponses inflammatoires.

Cependant, une exposition prolongée au cortisol peut avoir des effets néfastes sur notre santé. Des niveaux élevés de cortisol sur une période prolongée peuvent entraîner une suppression du système immunitaire, une diminution de la densité osseuse, des troubles du sommeil et une augmentation de la pression artérielle. De plus, un déséquilibre du cortisol peut contribuer au développement de troubles de l'humeur tels que l'anxiété et la dépression.

Il est donc crucial de trouver des moyens efficaces de réguler notre réponse au stress et de maintenir un équilibre sain entre le système nerveux et le cortisol. Des stratégies telles que

a pratique régulière d'exercices physiques, la méditation, la respiration profonde et une
limentation équilibrée peuvent aider à moduler notre réponse au stress et à maintenir des
niveaux de cortisol plus stables.

En comprenant le rôle du système nerveux et de l'hormone du stress, le cortisol, nous
pouvons prendre conscience de l'impact que le stress peut avoir sur notre corps et notre
bien-être global. En adoptant des techniques de gestion du stress et en cultivant des
habitudes de vie saines, nous pouvons maintenir un équilibre essentiel entre l'esprit et le
corps, favorisant ainsi une meilleure santé et un bien-être optimal.

Le cercle vicieux du stress et de l'anxiété

une spirale épuisante aux multiples ramifications

Le stress et l'anxiété sont des compagnons indésirables qui se nourrissent mutuellement,
créant un cercle vicieux insidieux qui peut nous piéger dans une spirale épuisante. Cette
dynamique complexe entre le stress et l'anxiété peut avoir un impact dévastateur sur notre
bien-être physique, émotionnel et mental.

Tout commence souvent par le stress, cette tension qui surgit lorsque nous sommes
confrontés à des demandes ou des situations difficiles. Le stress peut être déclenché par des
facteurs tels que des délais serrés, des responsabilités écrasantes, des changements majeurs
de vie ou des conflits interpersonnels. Cette première étincelle de stress déclenche une
réaction en chaîne dans notre corps et notre esprit.

Lorsque nous faisons face à des niveaux élevés de stress, notre système nerveux est activé,
libérant des hormones du stress comme le cortisol. Ces hormones préparent notre corps à
réagir en augmentant notre vigilance, notre fréquence cardiaque et notre tension artérielle.
Cependant, lorsque ce processus est constant et prolongé, il peut conduire à des niveaux
chroniquement élevés de stress.

C'est là que l'anxiété entre en jeu. L'anxiété est une réponse émotionnelle intense
caractérisée par une inquiétude persistante, une peur excessive et des pensées négatives
envahissantes. Lorsque nous sommes constamment soumis au stress, notre système
nerveux devient hypersensible et réagit de manière exagérée aux stimuli, générant ainsi une
anxiété chronique.

L'anxiété à son tour renforce le stress. Les pensées anxieuses et les inquiétudes constantes
créent un terrain fertile pour la persistance du stress. Les pensées catastrophiques et les
scénarios négatifs nous maintiennent dans un état de vigilance élevée, alimentant ainsi le
cercle vicieux. Cette interaction entre le stress et l'anxiété peut entraîner une détérioration

de la santé mentale, des troubles du sommeil, des problèmes de concentration et une diminution de la qualité de vie.

Pour briser ce cercle vicieux, il est essentiel de mettre en place des stratégies efficaces de gestion du stress et de l'anxiété. Cela peut inclure des techniques de relaxation comme la méditation, la respiration profonde et le yoga, qui aident à calmer le système nerveux et à réduire l'anxiété. La pratique régulière d'exercice physique favorise également la libération d'endorphines, les "hormones du bonheur", qui peuvent améliorer notre humeur et réduire les niveaux de stress.

De plus, il est crucial de cultiver une hygiène de vie saine en veillant à un sommeil adéquat, à une alimentation équilibrée et à des relations sociales positives. La recherche de soutien, qu'il s'agisse de professionnels de la santé mentale, de proches ou de groupes de soutien, peut également être bénéfique pour trouver des outils et des ressources supplémentaires dans la lutte contre le cercle vicieux du stress et de l'anxiété.

Se libérer du cercle vicieux du stress et de l'anxiété demande du temps, de la patience et de l'engagement envers notre bien-être. C'est un voyage personnel où nous apprenons à reconnaître nos propres schémas de pensée et à cultiver des habitudes positives pour gérer efficacement le stress et l'anxiété. En prenant soin de nous-mêmes de manière holistique, nous pouvons briser cette spirale épuisante et retrouver une vie plus équilibrée, paisible et épanouissante.

L'impact du stress chronique sur la santé physique et mentale

une réalité troublante soutenue par des preuves scientifiques solides

Le stress chronique est bien plus qu'une simple perturbation passagère de notre équilibre émotionnel. Il a un impact profond sur notre santé physique et mentale, engendrant des conséquences sérieuses qui peuvent nous laisser perplexes et inquiets.

Sur le plan physique, le stress chronique peut affecter divers systèmes de notre corps. Le système immunitaire, par exemple, est sensible à l'influence du stress. Des études ont montré que le stress prolongé affaiblit notre système immunitaire, augmentant ainsi le risque d'infections, de maladies auto-immunes et de problèmes de cicatrisation. En effet, le cortisol, l'hormone du stress, peut inhiber la réponse immunitaire, ouvrant ainsi la voie à des problèmes de santé supplémentaires.

Le système cardiovasculaire est également vulnérable aux effets néfastes du stress chronique. Des recherches ont établi un lien entre le stress prolongé et un risque accru de maladies cardiovasculaires, telles que l'hypertension artérielle, les maladies coronariennes et les accidents vasculaires cérébraux. Le stress peut provoquer une élévation de la pression artérielle, une augmentation du taux de cholestérol et une inflammation chronique, facteurs contribuant au développement de ces affections.

La santé mentale est également impactée par le stress chronique. L'anxiété et la dépression sont des compagnons fréquents du stress prolongé. Des études ont démontré que le stress chronique altère les neurotransmetteurs, tels que la sérotonine et la dopamine, qui régulent notre humeur et notre bien-être émotionnel. Cela peut entraîner une détresse psychologique, des troubles de l'humeur et une diminution de la qualité de vie.

Le stress chronique a également été associé à des problèmes de sommeil, une diminution de la concentration et de la mémoire, ainsi qu'à des troubles alimentaires. La suractivation constante de notre système nerveux et la libération continue de cortisol peuvent perturber nos cycles de sommeil, affectant ainsi notre capacité à se reposer et à récupérer. De plus, le stress peut influencer nos habitudes alimentaires, conduisant à des comportements alimentaires compulsifs ou à des choix alimentaires moins sains.

Il est important de comprendre que l'impact du stress chronique sur la santé physique et mentale est soutenu par de nombreuses études scientifiques. Des recherches approfondies ont examiné les mécanismes biologiques, les marqueurs inflammatoires, les facteurs de risque cardiovasculaire et les indicateurs de santé mentale pour démontrer cette corrélation troublante.

Cependant, il est crucial de noter que le stress est une expérience individuelle, et ses effets peuvent varier d'une personne à l'autre. Certaines personnes sont plus résilientes face au stress, tandis que d'autres peuvent être plus vulnérables aux effets négatifs. La manière dont nous gérons et répondons au stress peut également influencer son impact sur notre santé.

La bonne nouvelle est que des stratégies de gestion du stress et de promotion du bien-être peuvent atténuer les effets négatifs du stress chronique. Des approches telles que la pratique régulière d'exercices physiques, la méditation, la thérapie cognitivo-comportementale et le soutien social peuvent contribuer à réduire le stress, à renforcer la résilience et à promouvoir une meilleure santé physique et mentale.

En conclusion, le stress chronique a un impact profond sur notre santé physique et mentale. Les preuves scientifiques abondantes soutiennent cette réalité troublante. Comprendre ces effets est crucial pour adopter des stratégies de gestion du stress et de promotion du bien-être qui nous permettent de cultiver une vie plus équilibrée, saine et épanouissante.

Chapitre 4 : Techniques de Gestion du Stress

La respiration profonde et la relaxation musculaire progressive

des pratiques scientifiquement validées pour apaiser l'esprit et le corps avec une intensité surprenante

Dans notre quête de sérénité et de bien-être, la respiration profonde et la relaxation musculaire progressive émergent comme des outils puissants et efficaces. Leurs effets apaisants sur l'esprit et le corps sont soutenus par des études scientifiques rigoureuses, offrant une intensité saisissante à ces pratiques.

La respiration profonde, également connue sous le nom de respiration diaphragmatique, implique de prendre des inspirations profondes qui font descendre le diaphragme et d'expirer complètement, ce qui permet une oxygénation optimale du corps. Des recherches ont démontré que la respiration profonde active le système nerveux parasympathique, qui est responsable de l'état de relaxation. Cela entraîne une réduction significative du niveau de stress, une diminution de la fréquence cardiaque et de la pression artérielle, ainsi qu'une amélioration de la fonction pulmonaire.

La relaxation musculaire progressive, quant à elle, consiste à contracter et à relâcher consciemment les différents groupes musculaires du corps, permettant ainsi de libérer les tensions accumulées. Cette technique a été développée par le médecin Edmund Jacobson dans les années 1920. Des études ont montré que la relaxation musculaire progressive favorise la relaxation générale du corps et de l'esprit, réduisant les symptômes physiques du stress, tels que les douleurs musculaires, les maux de tête et les troubles du sommeil. Elle peut également améliorer la concentration, la qualité du sommeil et la gestion de la douleur.

L'intensité de la respiration profonde et de la relaxation musculaire progressive réside dans leur capacité à moduler l'activité du système nerveux autonome. Ces pratiques aident à rééquilibrer le système nerveux, en passant d'un état de tension et de stress (système nerveux sympathique) à un état de calme et de relaxation (système nerveux parasympathique). Cette modulation du système nerveux a des répercussions profondes sur notre bien-être global, nous permettant de faire face aux défis de manière plus sereine.

Des études ont montré que la pratique régulière de la respiration profonde et de la relaxation musculaire progressive peut avoir des effets positifs à long terme sur la santé mentale, notamment en réduisant l'anxiété, la dépression et les symptômes de stress post-

raumatique. De plus, ces techniques peuvent améliorer la qualité du sommeil, la régulation
des émotions et la résilience psychologique.

Il convient de noter que la respiration profonde et la relaxation musculaire progressive ne
sont pas des pratiques isolées, mais font partie intégrante de nombreuses approches de
gestion du stress et de promotion du bien-être, telles que la méditation, le yoga et la
thérapie cognitivo-comportementale.

Pour tirer pleinement parti de ces pratiques, il est recommandé de les intégrer dans notre
routine quotidienne. Des séances régulières de quelques minutes peuvent déjà apporter des
bienfaits significatifs. Avec le temps et la pratique, la maîtrise de ces techniques peut
permettre d'accéder à un état de relaxation profonde et de réduire les effets négatifs du
stress sur notre santé physique et mentale.

En conclusion, la respiration profonde et la relaxation musculaire progressive sont des
pratiques scientifiquement prouvées, offrant une intensité surprenante pour apaiser l'esprit
et le corps. Leurs effets bénéfiques sur la modulation du système nerveux autonome et la
réduction du stress sont soutenus par des études solides. En intégrant ces pratiques dans
notre quotidien, nous pouvons cultiver un bien-être profond et une résilience face aux défis
de la vie.

La méditation et la pleine conscience

*des pratiques scientifiquement validées pour cultiver la sérénité et
améliorer notre bien-être mental et physique*

La méditation et la pleine conscience sont des approches anciennes et profondes qui
gagnent de plus en plus en popularité dans le monde moderne. Leurs bienfaits pour la santé
mentale et physique sont soutenus par des recherches scientifiques solides, établissant ainsi
leur validité et leur efficacité.

La méditation, pratiquée depuis des millénaires dans des traditions spirituelles et
philosophiques, consiste en une pratique qui favorise la concentration et la conscience de
l'instant présent. Des études ont montré que la méditation régulière peut améliorer notre
capacité à gérer le stress, réduire l'anxiété, la dépression et les symptômes de douleur
chronique. Elle favorise également la clarté mentale, la créativité et la résilience
émotionnelle.

La pleine conscience, souvent associée à la méditation, est une approche qui consiste à
porter une attention intentionnelle à l'instant présent, sans jugement. Elle implique d'être
pleinement conscient de nos pensées, de nos émotions et de nos sensations physiques, en

cultivant une acceptation bienveillante de notre expérience. De nombreuses études ont montré que la pratique de la pleine conscience peut améliorer notre bien-être mental en réduisant le stress perçu, l'anxiété et les symptômes dépressifs. Elle peut également améliorer la régulation émotionnelle, la concentration et la qualité du sommeil.

Sur le plan physique, la méditation et la pleine conscience ont également des effets positifs. Des recherches ont montré que la pratique régulière de ces techniques peut réduire la tension artérielle, améliorer la fonction cardiovasculaire et renforcer le système immunitaire. De plus, elles peuvent favoriser un sommeil de meilleure qualité, réduire l'inflammation et améliorer la santé générale.

Les bienfaits de la méditation et de la pleine conscience sont soutenus par des études neuroscientifiques qui ont montré des changements positifs dans le cerveau des praticiens. Par exemple, la méditation de pleine conscience a été associée à des modifications dans les régions cérébrales impliquées dans la régulation émotionnelle, l'attention et la prise de décision. Ces changements structurels et fonctionnels peuvent contribuer à une meilleure régulation des émotions et à une plus grande résilience mentale.

Il convient de noter que la méditation et la pleine conscience sont des pratiques qui nécessitent de la régularité et de la persévérance pour en tirer pleinement parti. Il est recommandé de suivre des programmes guidés par des instructeurs qualifiés ou d'utiliser des applications mobiles dédiées pour apprendre et pratiquer ces techniques.

En conclusion, la méditation et la pleine conscience sont des pratiques scientifiquement prouvées pour améliorer notre bien-être mental et physique. Leurs effets bénéfiques sur la gestion du stress, l'anxiété, la dépression et la santé générale sont soutenus par des études solides. En intégrant ces pratiques dans notre vie quotidienne, nous pouvons cultiver la sérénité, renforcer notre résilience et promouvoir une meilleure qualité de vie.

L'importance de l'exercice physique et d'une alimentation équilibrée

un duo scientifiquement validé pour une santé optimale et des résultats saisissants

L'exercice physique régulier et une alimentation équilibrée sont des piliers fondamentaux d'un mode de vie sain. Leur impact sur notre santé physique, mentale et émotionnelle est soutenu par une abondance de preuves scientifiques convaincantes, offrant ainsi une perspective percutante sur leur importance.

L'exercice physique, qu'il s'agisse d'activités cardiovasculaires, de musculation ou de simples exercices d'étirement, présente de multiples bienfaits pour notre corps. Des études ont démontré que l'exercice régulier renforce notre système cardiovasculaire, améliore l'endurance, la force musculaire et la flexibilité, et contribue à maintenir un poids santé. De plus, l'exercice stimule la libération d'endorphines, les "hormones du bonheur", qui favorisent une sensation de bien-être et réduisent le stress et l'anxiété.

L'impact de l'exercice physique sur notre santé mentale est tout aussi remarquable. Des recherches ont montré que l'exercice régulier peut réduire les symptômes de dépression et d'anxiété, améliorer la fonction cognitive, l'estime de soi et la qualité du sommeil. Il peut également favoriser une meilleure régulation émotionnelle et aider à faire face au stress quotidien.

Combiné à l'exercice physique, une alimentation équilibrée est essentielle pour maintenir une santé optimale. Une alimentation riche en fruits, légumes, grains entiers, protéines maigres et graisses saines fournit à notre corps les nutriments essentiels dont il a besoin pour fonctionner de manière optimale. Des études ont montré que l'alimentation équilibrée contribue à prévenir les maladies chroniques telles que les maladies cardiaques, le diabète de type 2 et l'obésité. Elle favorise également la santé intestinale, renforce le système immunitaire et améliore l'énergie et la concentration.

La science confirme également les effets bénéfiques de la combinaison de l'exercice physique et d'une alimentation équilibrée. Lorsqu'ils sont pratiqués ensemble, ces deux éléments ont un impact synergique sur la santé globale. L'exercice régulier améliore l'absorption des nutriments, optimise le métabolisme et favorise la perte de poids durable lorsqu'il est associé à une alimentation équilibrée. De plus, l'alimentation saine fournit les éléments nutritifs nécessaires pour soutenir l'activité physique et favorise la récupération musculaire après l'exercice.

Il est important de souligner que l'adoption d'une routine d'exercice physique et d'une alimentation équilibrée nécessite un engagement sur le long terme. Des changements progressifs et durables sont plus efficaces que des régimes drastiques ou des programmes d'entraînement intensifs à court terme. L'objectif est d'incorporer ces habitudes saines dans notre mode de vie quotidien, en trouvant des activités physiques qui nous plaisent et en adoptant une alimentation variée et adaptée à nos besoins individuels.

En conclusion, l'exercice physique régulier et une alimentation équilibrée sont des éléments clés pour maintenir une santé optimale. Leurs bienfaits scientifiquement prouvés sur la santé physique, mentale et émotionnelle sont indéniables. En intégrant ces deux piliers dans notre vie quotidienne, nous pouvons obtenir des résultats saisissants et cultiver un bien-être global qui perdurera dans le temps.

Maîtrisez votre temps, domptez vos priorités

les clés d'une gestion efficace et réussie

Dans notre société trépidante, la gestion du temps et des priorités est devenue une compétence cruciale pour atteindre nos objectifs et mener une vie équilibrée. C'est un défi constant de jongler entre nos multiples responsabilités, nos projets professionnels et personnels, ainsi que nos aspirations individuelles. Cependant, en adoptant les bonnes stratégies, nous pouvons reprendre le contrôle de notre temps et de nos priorités avec brio.

La première étape pour une gestion efficace du temps est la planification. Prenez le temps de réfléchir à vos objectifs et à ce qui est réellement important pour vous. Identifiez vos priorités, qu'elles soient professionnelles, familiales, ou personnelles, et définissez des échéances claires pour chacune d'entre elles. Établissez un calendrier ou utilisez des outils de gestion du temps pour organiser vos activités et délimiter les périodes dédiées à chaque tâche.

Une fois que vous avez une vision claire de vos priorités, il est essentiel de cultiver des habitudes de travail efficaces. La gestion du temps nécessite de l'organisation et de la discipline. Identifiez les tâches qui nécessitent votre attention immédiate et celles qui peuvent être reportées ou déléguées. Apprenez à dire non aux demandes qui ne sont pas alignées avec vos priorités, et soyez réaliste quant à vos capacités et à votre charge de travail.

La gestion du temps ne se limite pas à l'organisation, elle implique également la gestion de votre énergie. Apprenez à reconnaître les moments où vous êtes le plus productif et concentrez-vous sur les tâches importantes pendant ces périodes. Pratiquez la discipline en évitant les distractions, en limitant votre temps sur les réseaux sociaux ou en mettant en place des blocs de travail sans interruptions.

La gestion du temps efficace repose également sur la capacité à établir des priorités et à prendre des décisions éclairées. Identifiez les tâches essentielles qui contribuent le plus à vos objectifs et concentrez vos efforts sur celles-ci. Apprenez à déléguer ou à déléguer certaines tâches moins importantes, afin de libérer du temps pour les activités qui requièrent votre expertise ou qui sont alignées avec vos objectifs à long terme.

Enfin, soyez flexible et adaptable. La gestion du temps implique de faire face à des imprévus et de gérer les changements de plan. Acceptez que vous ne pouvez pas tout contrôler et apprenez à ajuster vos priorités en fonction des circonstances. Soyez ouvert aux nouvelles opportunités et aux ajustements nécessaires pour maintenir un équilibre entre vos différentes sphères de vie.

En conclusion, la gestion du temps et des priorités est une compétence essentielle pour réussir dans notre monde moderne. En adoptant une approche planifiée, disciplinée et exible, nous pouvons maîtriser notre temps et nos priorités, et ainsi atteindre nos objectifs out en préservant notre équilibre de vie. Alors, prenez le temps de planifier, prenez les ommandes et déployez votre potentiel au maximum. **Votre succès est entre vos mains**.

Chapitre 5 : Gérer le Stress au Travail

Les sources de stress professionnel

L'ombre insidieuse du stress professionnel

illuminons les sources et trouvons la voie de l'épanouissement

Dans nos vies trépidantes et exigeantes, le stress professionnel peut se faufiler sournoisement, affectant notre bien-être et notre satisfaction au travail. Comprendre les sources de stress dans notre environnement professionnel est essentiel pour naviguer avec assurance dans cette réalité commune à de nombreux travailleurs.

Une source courante de stress professionnel est la charge de travail excessive. Les délais serrés, les demandes incessantes et les responsabilités accrues peuvent créer un sentiment d'accablement et de pression constante. La peur de ne pas pouvoir accomplir toutes les tâches et de décevoir les attentes peut provoquer du stress chronique, affectant notre efficacité et notre équilibre.

Les relations interpersonnelles au travail peuvent également être une source majeure de stress. Les conflits avec les collègues, les tensions avec les supérieurs hiérarchiques ou les clients exigeants peuvent créer un climat professionnel tendu et épuisant. La recherche d'un équilibre entre des personnalités différentes et des attentes divergentes peut être un défi de taille.

Un manque de soutien et de reconnaissance peut également peser lourdement sur notre bien-être au travail. Le manque de soutien de la part des supérieurs, le manque de ressources adéquates ou le manque de reconnaissance pour nos efforts peuvent éroder notre motivation et notre engagement. Le sentiment de ne pas être valorisé ou d'être submergé par une charge de travail sans reconnaissance peut générer un stress persistant.

Les demandes d'adaptation constantes et les changements fréquents dans le milieu de travail peuvent également causer du stress. La pression de s'adapter à de nouvelles technologies, de suivre les évolutions du marché ou de se former en permanence peut créer une sensation d'insécurité et de surcharge cognitive. La capacité à s'adapter rapidement aux changements devient alors une compétence précieuse, mais cela peut également être source de stress.

Il est important de reconnaître ces sources de stress professionnel et de trouver des moyens de les gérer efficacement. La communication ouverte et assertive peut aider à résoudre les conflits interpersonnels. La recherche d'un soutien social, qu'il s'agisse de collègues, de mentors ou de professionnels, peut être bénéfique pour partager les préoccupations et trouver des solutions ensemble. Établir des limites claires, déléguer des tâches, et demander de l'aide lorsque nécessaire permet de mieux gérer la charge de travail.

La gestion du stress professionnel nécessite également de prendre soin de soi. L'adoption de pratiques de gestion du stress, telles que la méditation, l'exercice physique régulier, et le temps réservé aux loisirs et aux activités qui procurent du plaisir, sont essentielles pour préserver notre équilibre émotionnel et physique.

En conclusion, les sources de stress professionnel sont une réalité commune à de nombreux travailleurs. Comprendre ces sources et trouver des moyens de gestion appropriés est essentiel pour préserver notre bien-être et notre épanouissement au travail. En identifiant les facteurs de stress, en mettant en place des stratégies de gestion et en prenant soin de nous-mêmes, nous pouvons trouver une voie vers un environnement professionnel plus sain, équilibré et épanouissant. Ne laissons pas le stress nous éteindre, mais trouvons la lumière pour briller dans notre carrière.

Équilibrer vie professionnelle et personnelle

Trouver l'équilibre entre vie professionnelle et personnelle : une quête universelle pour une vie épanouissante

Dans notre société effrénée, jongler entre les exigences de la vie professionnelle et les besoins de notre vie personnelle peut sembler un défi insurmontable. Cependant, atteindre un équilibre harmonieux entre ces deux domaines est essentiel pour notre bien-être et notre épanouissement.

L'équilibre entre vie professionnelle et personnelle est avant tout une question de priorités et de gestion du temps. Il est important de définir clairement ce qui compte le plus pour nous, tant sur le plan professionnel que personnel. Identifiez vos valeurs, vos objectifs et ce qui vous rend vraiment heureux. Cela vous aidera à prendre des décisions éclairées et à consacrer du temps et de l'énergie aux aspects les plus importants de votre vie.

Une bonne gestion du temps est cruciale pour atteindre cet équilibre. Planifiez soigneusement vos journées, fixez des limites claires entre votre travail et votre vie personnelle, et respectez ces frontières. Apprenez à dire non lorsque cela est nécessaire et à déléguer certaines tâches pour alléger votre charge de travail. En utilisant efficacement votre temps, vous pourrez consacrer des moments de qualité à votre famille, vos amis, vos loisirs et à vous-même.

Une communication ouverte et honnête est également essentielle pour équilibrer ces deux sphères de votre vie. Communiquez avec votre employeur, vos collègues et vos proches pour exprimer vos besoins et vos limites. Expliquez clairement vos attentes et assurez-vous de prendre en compte les besoins des autres également. Travailler en équipe et en collaboration peut vous aider à trouver des solutions flexibles qui répondent aux exigences de votre vie professionnelle tout en préservant votre bien-être personnel.

Il est crucial de prendre soin de vous-même physiquement et mentalement. Accordez une attention particulière à votre santé en adoptant une alimentation équilibrée, en faisant de l'exercice régulièrement et en vous assurant d'avoir suffisamment de repos et de sommeil. La pratique de techniques de gestion du stress, telles que la méditation, la respiration profonde et le yoga, peut vous aider à maintenir votre équilibre émotionnel et à vous sentir plus centré.

Enfin, accordez-vous des moments de détente et de plaisir. Réservez du temps pour vos passions, vos hobbies et vos activités qui vous procurent de la joie. Apprenez à vous déconnecter du travail et à profiter pleinement de vos moments de repos. Cultivez des relations significatives et nourrissantes avec vos proches. Ces moments de connexion et de bonheur personnel renforceront votre bien-être global et contribueront à équilibrer votre vie professionnelle et personnelle.

En conclusion, l'équilibre entre vie professionnelle et personnelle est un objectif essentiel pour notre bien-être et notre épanouissement. En définissant vos priorités, en gérant votre temps efficacement, en communiquant ouvertement et en prenant soin de vous-même, vous pouvez créer un équilibre harmonieux entre ces deux domaines de votre vie. Trouver cet équilibre peut être un défi, mais avec une approche réfléchie et une pratique constante, vous pouvez vivre une vie riche et satisfaisante, où travail et plaisir cohabitent harmonieusement.

Communiquer efficacement avec les collègues et les supérieurs

Communiquer efficacement avec les collègues et les supérieurs : une étude multidisciplinaire sur les aspects scientifiques, sociologiques et psychologiques de la communication en milieu professionnel

La communication efficace est au cœur de la collaboration réussie et de l'épanouissement professionnel. Comprendre les différentes facettes de la communication en milieu de travail, que ce soit avec les collègues ou les supérieurs, nécessite une approche multidisciplinaire qui intègre des éléments scientifiques, sociologiques et psychologiques.

Sur le plan scientifique, de nombreuses études ont examiné les principes de base de la communication efficace. La recherche en psychologie de la communication a révélé l'importance de l'écoute active, de la clarté dans les messages et de l'empathie dans les interactions professionnelles. Des compétences telles que la capacité à poser des questions ouvertes, à donner des rétroactions constructives et à utiliser un langage non verbal adapté ont été identifiées comme des éléments clés pour établir des relations de travail positives.

D'un point de vue sociologique, la communication en milieu professionnel est influencée par la dynamique des relations hiérarchiques et la culture organisationnelle. La hiérarchie peut avoir un impact sur la façon dont les messages sont transmis et perçus. Comprendre la structure de pouvoir et les normes de communication de votre environnement de travail peut vous aider à adapter votre style de communication pour favoriser des interactions harmonieuses et productives.

La psychologie joue également un rôle essentiel dans la communication en milieu professionnel. La compréhension des processus cognitifs et émotionnels qui influencent notre façon de communiquer est cruciale. La gestion de nos émotions et de nos biais cognitifs peut avoir un impact sur notre capacité à communiquer efficacement. La confiance en soi, la gestion du stress et la capacité à gérer les conflits sont des facteurs psychologiques qui peuvent influencer la qualité de nos interactions professionnelles.

La communication efficace repose également sur la capacité à s'adapter aux différents styles de communication des individus. La personnalité, les valeurs et les expériences individuelles façonnent notre façon de communiquer. La reconnaissance et le respect de ces différences sont essentiels pour établir des relations de travail harmonieuses et productives.

Il est important de noter que la communication efficace est un processus dynamique qui nécessite une attention constante. Il est essentiel de pratiquer l'écoute active en accordant une attention véritable à nos interlocuteurs, en posant des questions pertinentes et en clarifiant les informations. La maîtrise des compétences en communication, telles que la gestion des conflits, la négociation et la persuasion, peut également contribuer à renforcer notre impact dans nos interactions professionnelles.

En conclusion, communiquer efficacement avec les collègues et les supérieurs est une compétence essentielle pour réussir en milieu professionnel. En intégrant les connaissances scientifiques, sociologiques et psychologiques dans notre approche de la communication, nous pouvons améliorer nos compétences relationnelles, renforcer notre impact et favorise des relations de travail positives et productives. La communication efficace est un atout précieux qui nous permet de collaborer efficacement, d'atteindre nos objectifs professionnels et de cultiver un environnement de travail sain et épanouissant.

Trouver des stratégies pour faire face au stress au travail

une approche scientifique et psychologique pour préserver notre bien-être professionnel

Le stress au travail est une réalité courante dans notre société moderne. Il peut être causé par une charge de travail excessive, des délais serrés, des exigences élevées et des relations interpersonnelles complexes. Cependant, il est possible de faire face au stress et de préserver notre bien-être grâce à des stratégies fondées sur des bases scientifiques et psychologiques solides.

Sur le plan scientifique, des études ont identifié plusieurs stratégies efficaces pour faire face au stress professionnel. L'une d'entre elles est la gestion du temps. Organiser et planifier nos tâches de manière efficace peut réduire le sentiment d'accablement et améliorer notre productivité. La technique de la gestion des priorités, où l'on identifie les tâches les plus importantes et les plus urgentes, permet de mieux gérer notre charge de travail.

Une autre stratégie scientifiquement validée est la pratique de la pleine conscience. La pleine conscience consiste à porter une attention intentionnelle et sans jugement à l'instant présent. Des études ont montré que la pratique régulière de la pleine conscience réduit le stress perçu, améliore la résilience émotionnelle et favorise une meilleure concentration au travail. Des techniques de relaxation, telles que la respiration profonde et la relaxation musculaire progressive, peuvent également être bénéfiques pour réduire le stress.

La psychologie joue également un rôle crucial dans la gestion du stress au travail. L'adoption d'une perspective positive peut aider à changer notre perception du stress. Voir les défis comme des opportunités de croissance et de développement plutôt que comme des obstacles insurmontables peut réduire notre niveau de stress et renforcer notre résilience. La pratique de l'autocompassion, où l'on fait preuve de bienveillance envers soi-même face aux difficultés, peut également favoriser une meilleure gestion du stress.

La communication et le soutien social sont des éléments importants pour faire face au stress professionnel. Établir des relations positives avec les collègues et chercher du soutien auprès de nos proches peut nous aider à partager nos préoccupations et à trouver des solutions ensemble. Le partage des expériences et des stratégies de gestion du stress peut être précieux pour renforcer notre résilience et notre bien-être.

Il est également crucial de prendre soin de notre santé physique pour faire face au stress. Une alimentation équilibrée, une activité physique régulière et un sommeil de qualité sont des éléments essentiels pour préserver notre résistance au stress. Prendre des pauses régulières pendant la journée de travail et s'accorder du temps de récupération en dehors du travail sont également importants pour recharger nos batteries et réduire le stress accumulé.

En conclusion, trouver des stratégies pour faire face au stress au travail est essentiel pour préserver notre bien-être professionnel. En intégrant les connaissances scientifiques et psychologiques dans notre approche, nous pouvons adopter des techniques efficaces telles que la gestion du temps, la pratique de la pleine conscience, l'adoption d'une perspective positive et la recherche de soutien social. En prenant soin de notre santé physique et émotionnelle, nous pouvons renforcer notre résilience et préserver notre bien-être malgré les défis du monde professionnel.

Chapitre 6 : Stress et Relations Interpersonnelles

Les conflits familiaux et les problèmes de communication

une exploration psychologique de la réalité complexe et des stratégies pour les résoudre

Au sein de chaque famille, les conflits et les problèmes de communication peuvent surgir, mettant à l'épreuve les liens affectifs et la stabilité des relations. Ces réalités complexes sont le reflet des dynamiques interpersonnelles, des attentes individuelles et des différences de perception au sein du noyau familial.

Un facteur clé des conflits familiaux réside dans les attentes divergentes. Chaque membre de la famille a ses propres besoins, désirs et croyances, ce qui peut entraîner des désaccords et des malentendus. Les conflits peuvent surgir lorsqu'il y a un manque de communication claire et ouverte pour exprimer ces attentes, ce qui peut conduire à des frustrations et à des tensions accumulées.

Un autre élément contributif est la difficulté à communiquer efficacement au sein de la famille. La communication est un processus complexe qui implique l'écoute active, l'expression claire des émotions et des besoins, ainsi que la compréhension mutuelle. Les problèmes de communication peuvent découler d'un manque de compétences relationnelles, de malentendus ou de la peur d'exprimer ses sentiments de manière ouverte et honnête.

Les conflits familiaux peuvent également être nourris par des conflits de pouvoir et de contrôle. Les différences de personnalité, les rivalités, les préférences individuelles et les luttes de pouvoir peuvent créer des dynamiques toxiques au sein de la famille. Les problèmes de communication deviennent souvent un moyen de réguler ces conflits, ce qui peut entraîner un cercle vicieux de ressentiments et de malentendus.

Pour résoudre les conflits familiaux et améliorer la communication, plusieurs stratégies psychologiques peuvent être utiles. La première consiste à favoriser une communication ouverte et respectueuse, en encourageant chaque membre de la famille à s'exprimer librement tout en écoutant activement les autres. La validation des émotions et des expériences individuelles peut aider à créer un espace de compréhension mutuelle.

a recherche de compromis et la pratique de la résolution de problèmes sont également essentielles pour désamorcer les conflits. Trouver des solutions qui répondent aux besoins de tous les membres de la famille et chercher des accords mutuellement satisfaisants peut contribuer à restaurer l'harmonie et à renforcer les liens familiaux.

e recours à des thérapies familiales peut être une ressource précieuse pour résoudre les conflits et améliorer la communication. Les professionnels de la santé mentale spécialisés dans la thérapie familiale peuvent aider à identifier les schémas de communication dysfonctionnels, à travailler sur les problèmes relationnels sous-jacents et à faciliter le processus de guérison au sein de la famille.

En conclusion, les conflits familiaux et les problèmes de communication sont des réalités psychologiques complexes et fréquentes. Cependant, avec une approche psychologique réfléchie et des stratégies adaptées, il est possible de résoudre ces conflits et d'améliorer la communication au sein de la famille. En favorisant une communication ouverte, en cherchant des compromis et en recherchant un soutien professionnel lorsque nécessaire, nous pouvons construire des relations familiales plus saines, harmonieuses et épanouissantes.

Les amis toxiques et les relations néfastes

une exploration psychologique des liens qui blessent et des moyens de se préserver

Dans notre parcours de vie, nous croisons parfois le chemin d'amitiés qui, au lieu de nous nourrir et de nous soutenir, ont un impact néfaste sur notre bien-être émotionnel. Ces amis toxiques et les relations malsaines qu'ils créent peuvent être particulièrement difficiles à gérer et peuvent laisser des cicatrices profondes.

Les amis toxiques se caractérisent souvent par des comportements manipulateurs, critiques, jaloux ou possessifs. Leur influence négative peut entraîner une diminution de l'estime de soi, des doutes incessants et un sentiment de ne jamais être assez bon. Leurs paroles blessantes et leurs actions néfastes peuvent éroder notre confiance en nous et nourrir un cercle vicieux de relations destructrices.

Ces relations toxiques peuvent avoir des conséquences psychologiques significatives. Elles peuvent semer le doute dans nos capacités, altérer notre perception de nous-mêmes et compromettre notre équilibre émotionnel. Leur impact peut s'étendre à d'autres aspects de notre vie, comme notre santé mentale, nos relations familiales et professionnelles, et même notre estime de soi globale.

Il est crucial de reconnaître les signes d'une amitié toxique et de prendre des mesures pour se protéger. La première étape consiste à prendre conscience de l'impact négatif de la relation et à accepter que nous méritons mieux. Cela peut être une tâche difficile, car les liens émotionnels peuvent rendre difficile de se détacher de ces relations, même si elles nous blessent.

L'établissement de limites claires est essentiel pour se protéger des amis toxiques. Il est important de dire non à des comportements inappropriés, de se distancer des personnes qui sapent notre bien-être et de se concentrer sur les relations positives et nourrissantes. Cela peut nécessiter du courage et un soutien supplémentaire, mais cela ouvre la porte à des relations plus saines et à un bien-être émotionnel retrouvé.

La thérapie peut également être un outil précieux pour surmonter les blessures causées par des amitiés toxiques. Un professionnel de la santé mentale peut aider à identifier les schémas de comportement malsains, à renforcer l'estime de soi et à développer des stratégies pour établir des relations plus équilibrées et respectueuses.

Il est important de se rappeler que nous ne sommes pas seuls dans cette lutte. Trouver le soutien d'amis authentiques, de membres de la famille ou de groupes de soutien peut être crucial pour se reconstruire et se prémunir contre les relations néfastes. Entourons-nous de personnes qui nous soutiennent, nous encouragent et nous aident à grandir.

En conclusion, les amis toxiques et les relations néfastes peuvent avoir un impact significatif sur notre bien-être émotionnel. Il est important de reconnaître ces schémas destructeurs, de prendre des mesures pour se protéger et de rechercher un soutien professionnel si nécessaire. En cultivant des relations saines, en établissant des limites claires et en nourrissant notre estime de soi, nous pouvons nous libérer des liens toxiques et ouvrir la voie à des amitiés véritables et épanouissantes.

Comment établir des relations saines et positives

une exploration psychologique pour cultiver des liens authentiques et épanouissants

Les relations humaines sont au cœur de notre existence, et notre bien-être émotionnel est étroitement lié à la qualité de ces interactions. Établir des relations saines et positives est un processus profondément influencé par la psychologie, qui nécessite une compréhension de soi, une communication efficace et une ouverture à l'autre.

La première étape pour établir des relations saines est de cultiver une connaissance de soi profonde. Il est essentiel de prendre le temps de réfléchir à nos valeurs, à nos besoins et à nos limites. Cette clarté interne nous permet de mieux comprendre ce que nous recherchons dans nos relations et de nous engager de manière authentique. En connaissant nos forces et nos faiblesses, nous pouvons également communiquer nos besoins de manière assertive et honnête.

La communication est un pilier fondamental des relations saines. Cela implique d'écouter activement les autres, d'exprimer nos sentiments et nos pensées de manière respectueuse et de favoriser une compréhension mutuelle. Une communication ouverte et bienveillante permet d'établir des liens solides et d'éviter les malentendus. En écoutant réellement les autres et en étant présents dans nos interactions, nous montrons notre intérêt et notre respect pour eux.

La confiance est un élément clé des relations saines. Elle se construit progressivement au fil du temps grâce à des actions cohérentes et des paroles sincères. Pour établir et maintenir la confiance, il est important d'être authentique et de respecter les engagements pris envers les autres. La transparence et l'intégrité renforcent la confiance mutuelle et créent un terreau fertile pour des relations positives et durables.

Les limites personnelles sont également essentielles pour établir des relations saines. Il est important de connaître nos propres limites et de les communiquer clairement aux autres. Lorsque nous fixons des limites saines, nous protégeons notre bien-être émotionnel et nous nous assurons de ne pas nous laisser entraîner dans des relations toxiques ou destructrices. Respecter nos limites et celles des autres favorise une dynamique respectueuse et équilibrée.

La compassion et l'empathie sont des qualités essentielles pour établir des relations positives. Lorsque nous faisons preuve de compassion envers les autres, nous montrons notre capacité à comprendre et à soutenir leurs émotions et leurs expériences. L'empathie nous permet de nous connecter avec les autres sur un niveau plus profond et d'établir des liens de confiance et d'affection. Ces qualités nourrissent les relations saines et renforcent notre bien-être collectif.

En conclusion, établir des relations saines et positives est une démarche profondément enracinée dans la psychologie humaine. En cultivant une connaissance de soi, en développant des compétences en communication, en établissant des limites saines, en construisant la confiance, et en faisant preuve de compassion et d'empathie, nous pouvons créer des relations authentiques et épanouissantes. Ces relations nourrissent notre bien-être émotionnel et contribuent à une vie riche et équilibrée.

Cultiver l'empathie et la compassion dans nos interactions

une exploration psychologique pour une connexion profonde et une transformation personnelle

Dans nos vies trépidantes, il est essentiel de se rappeler l'importance de l'empathie et de la compassion dans nos interactions quotidiennes. Ces qualités humaines profondes nous permettent de nous connecter avec les autres sur un niveau plus profond, de créer des liens significatifs et de favoriser une transformation personnelle durable.

L'empathie est la capacité de se mettre à la place de l'autre, de comprendre ses émotions et ses expériences de manière authentique. Elle nous permet d'écouter activement les autres, de valider leurs sentiments et de partager leur perspective. En cultivant l'empathie, nous pouvons briser les barrières de la communication et créer un espace où chacun se sent entendu et compris.

La compassion, quant à elle, va au-delà de l'empathie en incluant un élément d'action. Elle nous pousse à ressentir une profonde sympathie pour les souffrances des autres et à agir pour les soulager. La compassion nous incite à tendre la main, à offrir un soutien et à faire preuve de gentillesse envers autrui. En développant la compassion, nous créons des ponts qui favorisent la guérison, la réconciliation et la croissance personnelle.

Cultiver l'empathie et la compassion demande une réflexion profonde sur nos propres expériences et émotions. Il est important d'être en contact avec nos propres vulnérabilités et nos souffrances afin de mieux comprendre celles des autres. La pratique de l'auto-compassion, où l'on fait preuve de bienveillance envers soi-même face aux difficultés, renforce notre capacité à être compatissant envers les autres.

L'écoute attentive et sans jugement est un élément clé de la culture de l'empathie et de la compassion. En donnant notre pleine attention aux autres, en nous libérant de nos jugements préconçus, nous créons un espace où chacun peut s'exprimer librement et en toute confiance. Cette écoute profonde renforce la connexion émotionnelle et favorise une compréhension mutuelle.

La pratique de la gratitude est un moyen puissant de nourrir l'empathie et la compassion. En reconnaissant les qualités positives des autres et en exprimant notre gratitude, nous renforçons les liens affectifs et créons un environnement où chacun se sent valorisé et apprécié. La gratitude favorise également une perspective plus positive et ouverte, ce qui facilite l'empathie envers les autres.

Cultiver l'empathie et la compassion dans nos interactions nécessite une pratique régulière. Des exercices tels que la méditation de la compassion et la réflexion sur les expériences vécues peuvent renforcer ces qualités. La participation à des groupes de soutien ou à des ctivités bénévoles permet également de mettre en pratique l'empathie et la compassion dans des situations réelles.

En conclusion, l'empathie et la compassion sont des forces transformatrices qui enrichissent nos relations et nourrissent notre propre croissance personnelle. En cultivant ces qualités profondes, en pratiquant l'écoute attentive, la gratitude et l'auto-compassion, nous créons un environnement empreint de connexion, de guérison et de bienveillance. Que notre chemin vers l'empathie et la compassion soit un voyage de transformation, où chaque interaction devient une opportunité de grandir et de contribuer à un monde plus compatissant.

Chapitre 7 : Stress et Bien-Être Émotionnel

L'impact du stress sur notre bien-être émotionnel

une exploration psychologique pour comprendre, gérer et préserver notre équilibre intérieur

Dans notre société moderne, le stress est devenu un compagnon constant de notre vie quotidienne. Les exigences professionnelles, les responsabilités familiales, les défis personnels et les pressions sociales peuvent tous contribuer à une augmentation du niveau de stress, ce qui a un impact significatif sur notre bien-être émotionnel.

Le stress, lorsqu'il est temporaire et géré de manière adéquate, peut nous motiver et nous aider à relever les défis de la vie. Cependant, un stress chronique et incontrôlé peut éroder notre bien-être émotionnel et entraîner un large éventail de problèmes psychologiques.

Lorsque nous sommes exposés à un stress prolongé, notre système nerveux est constamment en alerte, déclenchant la libération d'hormones du stress, telles que le cortisol, dans notre corps. Cela peut provoquer des perturbations dans nos émotions, nos pensées et nos comportements.

Sur le plan émotionnel, le stress chronique peut engendrer une gamme de sentiments négatifs tels que l'anxiété, la frustration, la colère et la tristesse. Il peut également altérer notre capacité à gérer nos émotions, ce qui peut entraîner une irritabilité accrue, une sensibilité émotionnelle et une baisse de notre résilience psychologique.

Le stress prolongé peut également affecter notre cognition, notre concentration et notre prise de décision. Nous pouvons ressentir des difficultés à nous concentrer, à traiter l'information et à prendre des décisions rationnelles. Cela peut entraîner une diminution de notre efficacité au travail, des problèmes de mémoire et une baisse de notre performance globale.

En outre, le stress chronique peut perturber notre sommeil, ce qui peut aggraver encore notre bien-être émotionnel. Le manque de sommeil de qualité peut intensifier nos émotions négatives, rendre plus difficile la gestion du stress et entraîner une baisse de notre humeur et de notre énergie.

I est donc crucial de développer des stratégies efficaces pour gérer le stress et préserver notre bien-être émotionnel. La pratique régulière de techniques de gestion du stress, telles que la méditation, la respiration profonde et le yoga, peut nous aider à calmer notre système nerveux et à réduire les niveaux de cortisol. Cela favorise un état de relaxation et de calme intérieur.

La mise en place de routines saines, notamment en ce qui concerne le sommeil, l'alimentation équilibrée et l'exercice physique régulier, est également essentielle pour renforcer notre résilience émotionnelle. Le maintien de liens sociaux solides, le partage de nos préoccupations avec des proches de confiance et la recherche d'un soutien professionnel si nécessaire sont autant d'éléments importants pour préserver notre bien-être émotionnel face au stress.

En conclusion, l'impact du stress sur notre bien-être émotionnel est significatif. Il est essentiel de prendre conscience de cette réalité et de développer des stratégies efficaces pour gérer le stress afin de préserver notre équilibre intérieur. En cultivant des pratiques de gestion du stress, en adoptant des habitudes de vie saines et en recherchant un soutien adéquat, nous pouvons renforcer notre résilience émotionnelle et cultiver un bien-être durable.

Gérer les émotions négatives et développer la résilience

dévoilez les clés psychologiques pour surmonter l'adversité et renforcer votre pouvoir intérieur

Dans la course effrénée de la vie, nous sommes tous confrontés à des émotions négatives débilitantes. La colère, la tristesse, la peur et le stress peuvent sembler être des ennemis implacables qui nous submergent, nous laissant dans un état de vulnérabilité et de désespoir. Mais ne vous inquiétez pas, il existe des stratégies scientifiquement prouvées pour gérer ces émotions et développer la résilience nécessaire pour faire face à l'adversité.

La première étape pour gérer les émotions négatives est de les reconnaître et de les accueillir. Au lieu de les repousser ou de les ignorer, il est essentiel de les confronter de manière consciente. Permettez-vous de ressentir ces émotions, même si elles sont désagréables. Cette prise de conscience vous permettra de comprendre leur origine et de prendre le contrôle de vos réactions.

Une fois que vous avez identifié vos émotions négatives, il est temps de les explorer. Utilisez des techniques de journalisation ou de conversation avec un thérapeute pour analyser les pensées sous-jacentes qui alimentent ces émotions. Souvent, nos réactions émotionnelles sont influencées par des croyances limitantes ou des schémas de pensée dysfonctionnels. En prenant conscience de ces schémas, vous pouvez commencer à les remettre en question et à les remplacer par des pensées plus constructives.

La régulation émotionnelle est une compétence cruciale pour gérer les émotions négatives. Apprenez des techniques d'auto-apaisement telles que la respiration profonde, la relaxation musculaire et la méditation. Ces pratiques vous aident à vous calmer en période de détresse émotionnelle, vous permettant ainsi de prendre des décisions plus rationnelles et de répondre de manière plus adaptée aux défis de la vie.

La création d'un réseau de soutien solide est également essentielle pour développer la résilience émotionnelle. Entourez-vous de personnes positives et bienveillantes qui vous soutiennent dans les moments difficiles. Partagez vos émotions avec eux, demandez leur aide et écoutez leurs conseils. Le soutien social joue un rôle crucial dans le renforcement de votre résistance face à l'adversité.

La pratique de l'auto-compassion est une clé puissante pour gérer les émotions négatives et développer la résilience. Soyez bienveillant envers vous-même, traitez-vous avec la même empathie que vous le feriez pour un ami cher. Reconnaissez que tout le monde fait face à des épreuves et qu'il est normal de ressentir des émotions négatives. En vous traitant avec gentillesse et compassion, vous renforcez votre confiance en vous et votre capacité à rebondir après les difficultés.

Enfin, n'oubliez pas que la résilience est un processus continu. Il ne s'agit pas d'éviter les émotions négatives, mais de les utiliser comme des tremplins pour grandir et se renforcer. Acceptez que la vie est faite de hauts et de bas, et que chaque difficulté est une occasion d'apprendre et de devenir plus fort.

En conclusion, gérer les émotions négatives et développer la résilience demande du courage et de la persévérance. En utilisant des stratégies psychologiques scientifiquement prouvées, vous pouvez prendre le contrôle de vos émotions, vous relever face à l'adversité et devenir plus résilient. Transformez vos émotions négatives en catalyseurs de croissance personnelle et découvrez votre pouvoir intérieur pour surmonter les défis de la vie.

Les stratégies pour favoriser un état d'esprit positif

une exploration psychologique scientifique pour cultiver le bonheur et l'épanouissement personnel

Dans notre quête du bonheur et de l'épanouissement, notre état d'esprit joue un rôle essentiel. Un état d'esprit positif nous permet de voir les opportunités plutôt que les obstacles, de cultiver la gratitude et de développer une perspective optimiste sur la vie. Heureusement, il existe des stratégies psychologiques prouvées pour favoriser cet état d'esprit positif.

La première stratégie consiste à cultiver la conscience de soi. Prenez le temps de vous observer, de reconnaître vos pensées et vos émotions, ainsi que leurs influences sur votre état d'esprit. En étant conscient de vos réactions internes, vous pouvez prendre le contrôle de vos pensées négatives et les remplacer par des pensées positives et constructives.

La pratique de la gratitude est une stratégie puissante pour favoriser un état d'esprit positif. Prenez l'habitude de noter quotidiennement trois choses pour lesquelles vous êtes reconnaissant. Cela vous permet de porter votre attention sur les aspects positifs de votre vie et de cultiver un sentiment de satisfaction et de contentement. La gratitude nourrit l'état d'esprit positif en orientant notre attention vers ce qui est bon et gratifiant dans notre existence.

Un autre moyen efficace est de pratiquer la restructuration cognitive. Cette technique consiste à identifier et à remettre en question les pensées négatives automatiques qui peuvent influencer notre état d'esprit. Lorsque vous vous surprenez à avoir des pensées négatives, demandez-vous si elles sont fondées sur des preuves solides. Ensuite, remplacez-les par des pensées plus réalistes et positives. Par exemple, si vous pensez "je suis nul", restructurez cette pensée en "je fais de mon mieux et j'apprends de mes erreurs".

La création d'un environnement positif est également essentielle pour favoriser un état d'esprit positif. Entourez-vous de personnes positives et inspirantes qui vous soutiennent dans vos aspirations. Évitez les environnements toxiques et les relations négatives qui peuvent peser sur votre énergie et votre optimisme. La qualité de notre environnement a un impact significatif sur notre état d'esprit, il est donc important de le cultiver consciemment.

La pratique de l'autocompassion est une autre stratégie clé pour favoriser un état d'esprit positif. Soyez bienveillant envers vous-même, traitez-vous avec gentillesse et indulgence lorsque vous faites face à des difficultés. L'autocompassion vous permet de vous accepter et de vous aimer inconditionnellement, même lorsque vous commettez des erreurs. En développant cette relation positive avec vous-même, vous renforcez votre estime de soi et votre bien-être émotionnel.

Enfin, la pratique régulière de techniques de relaxation et de gestion du stress, telles que la méditation, le yoga et la respiration profonde, est essentielle pour maintenir un état d'espri positif. Ces pratiques aident à apaiser l'esprit, à réduire le stress et à favoriser la clarté mentale. Elles vous permettent de vous connecter avec votre essence profonde et de cultiver un état d'esprit calme et équilibré.

En conclusion, les stratégies pour favoriser un état d'esprit positif reposent sur des bases solides de psychologie scientifique. En cultivant la conscience de soi, la gratitude, la restructuration cognitive, un environnement positif, l'autocompassion et des pratiques de relaxation, vous pouvez développer un état d'esprit positif qui vous soutient dans votre quête du bonheur et de l'épanouissement. C'est un voyage personnel qui demande de la pratique et de la persévérance, mais les bénéfices en valent la peine. Cultivez un état d'esprit positif et ouvrez la porte à une vie remplie de joie, de croissance et de réalisations.

Pratiquer la gratitude et la pensée positive

une exploration psychologique basée sur des preuves scientifiques pour cultiver le bien-être et l'épanouissement

Dans notre quête d'une vie épanouissante, la pratique de la gratitude et de la pensée positive a fait l'objet de nombreuses études scientifiques. Les résultats démontrent de façon convaincante les bienfaits de ces pratiques sur notre santé mentale, émotionnelle et physique.

La gratitude consiste à reconnaître et à apprécier les aspects positifs de notre vie, des petits moments de joie aux réalisations majeures. Des recherches ont montré que la gratitude régulière peut améliorer notre bien-être émotionnel en augmentant la satisfaction de la vie, la résilience face aux difficultés et en réduisant les symptômes de dépression et d'anxiété.

Une étude publiée dans le Journal of Personality and Social Psychology a révélé que la gratitude était associée à une augmentation du bonheur subjectif et à une diminution des émotions négatives. En prenant l'habitude de noter chaque jour quelques choses pour lesquelles nous sommes reconnaissants, nous entraînons notre esprit à se concentrer sur le positif, ce qui renforce notre bien-être émotionnel global.

La pensée positive, quant à elle, consiste à adopter une perspective optimiste et constructive sur les situations de la vie. Des études ont montré que la pensée positive est liée à une meilleure santé mentale, à une plus grande résilience face au stress et à une plus grande satisfaction de la vie.

Une recherche publiée dans le Journal of Personality and Social Psychology a révélé que les individus qui pratiquent la pensée positive ont tendance à être plus optimistes, à faire preuve de plus de créativité et à mieux gérer les émotions négatives. En entraînant notre esprit à chercher les aspects positifs et les opportunités dans les défis que nous rencontrons, nous sommes mieux préparés à surmonter les obstacles et à maintenir une vision constructive de la vie.

Il est important de noter que la pratique de la gratitude et de la pensée positive ne consiste pas à nier les difficultés ou à adopter une attitude naïve. Au contraire, il s'agit de cultiver une perspective équilibrée qui reconnaît les défis tout en se concentrant sur les aspects positifs et les possibilités de croissance.

Des recherches ont également montré que la pratique de la gratitude et de la pensée positive peut améliorer notre santé physique. Des études ont montré des liens entre la gratitude et une meilleure qualité du sommeil, une diminution des symptômes physiques liés au stress, ainsi qu'une amélioration du système immunitaire.

En conclusion, les pratiques de gratitude et de pensée positive ont été scientifiquement étudiées et validées comme étant bénéfiques pour notre bien-être global. En cultivant la gratitude au quotidien, en notant ce pour quoi nous sommes reconnaissants, et en adoptant une perspective positive face aux défis, nous pouvons améliorer notre bien-être émotionnel, mental et physique. C'est une invitation à changer notre façon de penser, à voir le monde avec un regard plus optimiste et à embrasser la gratitude comme un puissant outil de transformation personnelle.

Chapitre 8 : Stress et Autogestion

La nécessité de s'accorder du temps pour soi

une exploration psychologique basée sur des bases scientifiques pour cultiver l'équilibre et le bien-être

Dans nos vies trépidantes et souvent stressantes, il est essentiel de reconnaître l'importance de s'accorder du temps pour soi. Que ce soit en raison des multiples responsabilités professionnelles, familiales ou sociales, nous avons tendance à négliger nos propres besoins et à sacrifier notre bien-être au profit des autres. Cependant, les recherches scientifiques démontrent clairement que prendre du temps pour soi est essentiel pour notre santé mentale, émotionnelle et physique.

Lorsque nous nous accordons du temps pour nous-mêmes, nous rechargeons nos batteries émotionnelles et mentales. Cela nous permet de nous ressourcer, de nous recentrer et de mieux faire face aux défis de la vie. Des études ont montré que la pratique régulière d'activités qui nous procurent du plaisir et qui nous détendent, comme la lecture, le jardinage, le sport ou la méditation, favorise une réduction du stress, de l'anxiété et de la dépression.

La recherche a également révélé que s'accorder du temps pour soi renforce notre estime de soi et notre confiance en nous. Lorsque nous prenons le temps de nous engager dans des activités qui nous passionnent ou qui correspondent à nos intérêts personnels, nous nous sentons plus épanouis et accomplis. Cela se traduit par une meilleure perception de nous-mêmes, une plus grande clarté dans nos objectifs et une plus grande motivation pour atteindre nos aspirations.

S'accorder du temps pour soi permet également de maintenir un équilibre entre nos différentes sphères de vie. Nous avons tous des rôles multiples, que ce soit en tant que professionnel, parent, conjoint ou ami. En négligeant notre propre bien-être, nous risquons de nous épuiser et de perdre cet équilibre. En prenant le temps de prendre soin de nous, nous pouvons nourrir toutes les facettes de notre vie de manière équilibrée.

Il est important de noter que s'accorder du temps pour soi ne signifie pas être égoïste ou égocentrique. Au contraire, cela signifie reconnaître notre valeur personnelle et notre droit d'être heureux et épanouis. En prenant soin de nous, nous sommes mieux à même de prendre soin des autres de manière authentique et sincère.

est recommandé de planifier activement du temps pour soi dans notre emploi du temps chargé. Cela peut impliquer de définir des limites claires, de dire "non" lorsque nous avons besoin de temps pour nous et de déléguer certaines tâches lorsque cela est possible. L'auto-compassion joue également un rôle clé, car elle nous permet d'accepter nos propres besoins et de nous accorder de la bienveillance lorsque nous nous donnons du temps pour nous-mêmes.

En conclusion, la nécessité de s'accorder du temps pour soi est soutenue par des bases scientifiques solides. Prendre soin de nous-mêmes est essentiel pour notre bien-être émotionnel, mental et physique. En accordant une attention particulière à nos propres besoins, en cultivant des activités qui nous procurent du plaisir et qui nous détendent, nous renforçons notre équilibre intérieur, notre estime de soi et notre capacité à vivre une vie épanouissante. N'oublions pas que nous méritons tous d'avoir du temps pour nous, et que cela contribue non seulement à notre propre bonheur, mais aussi à notre capacité à être présents et à apporter une valeur positive aux autres dans notre vie.

L'importance de l'auto-compassion et de l'amour de soi

une exploration psychologique basée sur des preuves scientifiques pour guérir, se reconstruire et s'épanouir

Dans notre société moderne, nous sommes souvent conditionnés à valoriser l'amour et la compassion envers les autres, mais nous négligeons souvent l'importance de l'auto-compassion et de l'amour de soi. Pourtant, la recherche scientifique démontre de manière convaincante que cultiver ces qualités envers nous-mêmes est essentiel pour notre bien-être mental, émotionnel et physique.

L'auto-compassion est la capacité de se traiter avec gentillesse, bienveillance et compréhension lorsque nous faisons face à des difficultés ou que nous commettons des erreurs. Elle implique de reconnaître notre humanité commune, avec ses imperfections et ses limites, plutôt que de nous juger de manière sévère et critique. Des études ont montré que l'auto-compassion est associée à une meilleure santé mentale, une plus grande résilience face au stress, une réduction de l'anxiété et de la dépression, ainsi qu'une augmentation du bien-être général.

Une recherche publiée dans le Journal of Personality and Social Psychology a révélé que l'auto-compassion était liée à une plus grande satisfaction de la vie et à des niveaux plus faibles de détresse psychologique. En pratiquant l'auto-compassion, nous pouvons développer une relation aimante et soutenante envers nous-mêmes, nous permettant ainsi de faire face aux difficultés avec une plus grande résilience et de favoriser notre guérison émotionnelle.

L'amour de soi va de pair avec l'auto-compassion. Il s'agit de reconnaître notre propre valeur et de nous accorder l'amour, le respect et les soins que nous méritons en tant qu'individus uniques. L'amour de soi nous permet de nous accepter inconditionnellement, avec toutes nos forces et nos faiblesses. Des études ont montré que l'amour de soi est lié à une meilleure estime de soi, à une plus grande satisfaction dans les relations interpersonnelles et à une plus grande résistance aux pressions sociales et aux normes irréalistes.

La recherche a également révélé que l'auto-compassion et l'amour de soi étaient des facteurs protecteurs contre les problèmes de santé mentale, tels que l'anxiété, la dépression et le stress chronique. Une étude publiée dans le Journal of Counseling Psychology a montré que l'auto-compassion était associée à une réduction des symptômes dépressifs chez les individus qui avaient été victimes de traumatismes.

Cultiver l'auto-compassion et l'amour de soi demande une pratique régulière et une volonté de se voir avec bienveillance et acceptation. Il peut être utile de se rappeler que nous sommes tous des êtres humains imparfaits, en apprentissage constant et dignes d'amour et de compassion. Des exercices tels que l'écriture de lettres de soutien à soi-même, la pratique de l'auto-compassion guidée et la recherche de soutien professionnel peuvent être bénéfiques pour renforcer ces qualités positives envers nous-mêmes.

En conclusion, l'importance de l'auto-compassion et de l'amour de soi est soutenue par des preuves scientifiques solides. En cultivant ces qualités, nous pouvons guérir nos blessures émotionnelles, reconstruire notre estime de soi et favoriser notre épanouissement personnel. Apprendre à se traiter avec gentillesse, bienveillance et amour est un acte de guérison profonde qui nous permet de vivre une vie plus épanouissante, d'entretenir des relations saines et de faire face aux défis de manière résiliente. N'oublions jamais que nous méritons l'auto-compassion et l'amour de soi, car ils sont les fondations d'une vie épanouissante et authentique.

Identifier et respecter ses limites personnelles

brisez les chaînes qui vous retiennent et libérez votre véritable potentiel

Dans notre société axée sur la performance et la productivité, il est facile de perdre de vue nos propres limites personnelles. Nous nous laissons entraîner dans une spirale épuisante de surcharge de travail, d'engagements excessifs et de pressions sociales, ce qui finit par compromettre notre bien-être mental, émotionnel et physique. Il est temps de dire stop, de prendre conscience de nos limites et de les respecter.

Identifier ses limites personnelles est un acte de courage et d'authenticité. Cela signifie reconnaître nos propres besoins, nos capacités et nos seuils de tolérance. C'est un acte de respect envers soi-même, une affirmation de notre droit d'être heureux et épanouis dans nos propres termes.

La recherche scientifique a montré que lorsque nous outrepassons nos limites personnelles, nous risquons de subir un épuisement professionnel, une détérioration de notre santé mentale et une baisse de notre satisfaction globale dans la vie. Une étude publiée dans le Journal of Occupational Health Psychology a révélé que la violation des limites personnelles était associée à un risque accru de stress chronique et de burn-out.

Le non-respect de nos limites peut également affecter nos relations interpersonnelles. Lorsque nous nous étendons au-delà de nos capacités, nous risquons de négliger nos propres besoins et de nous retrouver dans un état de ressentiment, de frustration et de surmenage. Cela peut entraîner un épuisement émotionnel et un éloignement des personnes qui nous sont chères.

Pour respecter nos limites personnelles, il est essentiel de cultiver une conscience de soi profonde. Prenez le temps de vous écouter, de reconnaître vos émotions et vos signaux internes. Écoutez les signes de stress, de fatigue et de surcharge. Apprenez à identifier les situations qui vous épuisent et les activités qui vous ressourcent.

Une fois que vous avez identifié vos limites, il est temps de les affirmer et de les défendre. Cela peut signifier dire "non" lorsque vous vous sentez dépassé, établir des limites claires dans vos relations et dans votre travail, et apprendre à déléguer ou à demander de l'aide lorsque cela est nécessaire. Se fixer des priorités claires et respecter son propre rythme est essentiel pour préserver votre équilibre et votre bien-être.

Il est important de noter que respecter ses limites personnelles ne signifie pas être égoïste ou se retirer complètement du monde. C'est plutôt un acte de respect envers vous-même et envers les autres. Lorsque vous êtes en mesure de respecter vos limites, vous êtes en mesure de vous engager de manière plus authentique et significative dans les domaines qui comptent réellement pour vous.

En conclusion, identifier et respecter ses limites personnelles est un acte de courage et de respect envers soi-même. C'est un chemin vers l'épanouissement personnel, le bien-être et des relations plus saines. Ne laissez pas les attentes extérieures vous écraser. Brisez les chaînes qui vous retiennent et libérez votre véritable potentiel en honorant vos limites personnelles. Vous méritez d'être heureux, équilibré et en paix avec vous-même.

Trouver un équilibre entre les obligations et les loisirs

une quête essentielle pour une vie harmonieuse et épanouissante

Dans notre société moderne, nous sommes souvent pris dans un tourbillon d'obligations incessantes. Le travail, les responsabilités familiales, les engagements sociaux... tout cela peut nous submerger et nous laisser peu de temps pour les loisirs et les activités qui nourrissent notre âme. Pourtant, il est crucial de trouver un équilibre entre ces deux aspects de notre vie pour maintenir notre bien-être et notre épanouissement.

La recherche scientifique démontre que consacrer du temps aux loisirs et aux activités qui nous procurent du plaisir est essentiel pour notre santé mentale et émotionnelle. Des études ont montré que s'engager dans des loisirs réguliers réduit le stress, améliore l'humeur, favorise la créativité et renforce notre résilience face aux difficultés.

Cependant, trouver cet équilibre peut être un défi. Les obligations professionnelles et familiales peuvent souvent sembler accaparantes, nous laissant peu de temps libre. Pourtant, il est important de réaliser que prendre du temps pour les loisirs ne signifie pas négliger nos responsabilités. Cela signifie plutôt trouver un moyen de concilier les deux de manière équilibrée et respectueuse de nos besoins personnels.

Une première étape consiste à évaluer nos priorités et à clarifier nos objectifs. Qu'est-ce qui est vraiment important pour nous ? Quels sont nos véritables besoins et aspirations ? En ayant une vision claire de ce que nous voulons réaliser dans différents aspects de notre vie, nous pouvons mieux allouer notre temps et nos ressources.

Ensuite, il est essentiel de pratiquer la gestion du temps et de fixer des limites claires. Planifiez consciemment du temps pour les obligations, mais aussi pour les loisirs. Établissez des limites pour vous-même et pour les autres, afin de préserver votre espace personnel et votre temps libre. Apprenez à dire "non" lorsque cela est nécessaire pour protéger votre équilibre.

L'organisation et la discipline jouent également un rôle clé. Développez des routines saines qui intègrent à la fois les obligations et les loisirs. Par exemple, consacrez un moment chaque jour à une activité qui vous procure du plaisir, que ce soit lire, pratiquer un sport, faire de la musique ou simplement vous détendre. Faites de ces moments une priorité et tenez-vous-y.

Il est également important de pratiquer l'auto-compassion et de vous accorder de la bienveillance lorsque vous vous sentez dépassé. Rappelez-vous qu'il est normal d'avoir besoin de temps pour vous ressourcer et vous détendre. Prenez soin de vous et ne vous ugez pas pour prendre du temps pour vous-même. En étant bien avec vous-même, vous serez plus disponible pour les autres et pour vos responsabilités.

En conclusion, trouver un équilibre entre les obligations et les loisirs est essentiel pour notre bien-être global. Cela nécessite une réflexion consciente, une planification stratégique et une discipline personnelle. En honorant nos besoins personnels et en allouant consciemment du temps pour les loisirs, nous sommes en mesure de cultiver une vie plus harmonieuse, épanouissante et riche en sens. N'oublions jamais que nous méritons de trouver cet équilibre et de nourrir notre âme avec des moments de plaisir et de détente. C'est un voyage personnel, mais les bénéfices en valent la peine. Trouvez votre équilibre et vivez une vie qui est à la fois significative et enrichissante.

Chapitre 9 : Faire Face aux Situations Stressantes

Stratégies pour faire face aux événements imprévus

une exploration scientifique et psychologique pour développer la résilience et la flexibilité mentale

Dans notre vie quotidienne, nous sommes souvent confrontés à des événements imprévus qui perturbent nos plans et nos attentes. Que ce soit une situation d'urgence, un changement inattendu dans notre travail ou des événements personnels imprévus, notre capacité à faire face à ces défis peut avoir un impact significatif sur notre bien-être émotionnel et notre santé mentale.

La recherche scientifique et les théories psychologiques nous offrent des perspectives précieuses sur les stratégies qui peuvent nous aider à faire face aux événements imprévus. L'une de ces stratégies est la résilience, qui se réfère à notre capacité à rebondir après des situations difficiles et à nous adapter avec succès aux changements.

La résilience repose sur plusieurs facteurs clés, tels que la capacité à maintenir une vision réaliste et positive de soi-même, à développer des relations solides et de soutien, et à adopter une pensée flexible et adaptative. En cultivant ces qualités, nous sommes mieux préparés à affronter les événements imprévus avec résilience et confiance.

Une autre stratégie importante est la flexibilité mentale, qui consiste à être ouvert et adaptable face aux changements de circonstances. Cela implique de remettre en question nos croyances rigides et nos attentes préconçues, et d'adopter une perspective plus souple et plus ouverte. Des études ont montré que la flexibilité mentale est associée à une meilleure résolution de problèmes, une plus grande adaptabilité et une réduction du stress lié aux événements imprévus.

La pratique de la pleine conscience peut également être une stratégie efficace pour faire face aux événements imprévus. La pleine conscience nous aide à rester ancrés dans le moment présent, à accepter les changements avec détachement et à réduire notre réactivité émotionnelle. Des études ont montré que la pratique régulière de la pleine conscience était associée à une réduction du stress, de l'anxiété et de la dépression, ainsi qu'à une amélioration de notre capacité à faire face aux situations imprévues.

Enfin, il est important de souligner l'importance de développer un réseau de soutien solide. Lorsque nous sommes confrontés à des événements imprévus, le soutien social peut jouer un rôle crucial dans notre capacité à faire face et à nous rétablir. En s'entourant de personnes bienveillantes et compréhensives, nous avons accès à un soutien émotionnel, à des conseils pratiques et à des ressources qui peuvent nous aider à traverser ces moments difficiles.

En conclusion, faire face aux événements imprévus nécessite des stratégies psychologiques et scientifiquement validées. En développant notre résilience, notre flexibilité mentale et en pratiquant la pleine conscience, nous pouvons renforcer notre capacité à faire face aux défis inattendus. N'oublions pas non plus l'importance du soutien social, qui peut jouer un rôle essentiel dans notre capacité à nous adapter et à rebondir. En cultivant ces stratégies, nous sommes mieux préparés à naviguer avec succès à travers les turbulences de la vie et à trouver des opportunités de croissance et de transformation personnelle.

Gérer le stress lié aux changements majeurs dans la vie

une exploration scientifique et psychologique pour favoriser l'adaptation et le bien-être émotionnel

Dans notre parcours de vie, nous sommes souvent confrontés à des changements majeurs qui peuvent engendrer un stress considérable. Que ce soit un déménagement, une perte d'emploi, une rupture, un deuil ou toute autre transition significative, ces événements peuvent perturber notre équilibre émotionnel et nous plonger dans l'incertitude et l'anxiété.

La recherche scientifique nous offre des connaissances précieuses sur les stratégies psychologiques qui peuvent nous aider à gérer le stress lié à ces changements majeurs. L'une de ces stratégies est la capacité d'adaptation, qui se réfère à notre aptitude à ajuster nos pensées, nos émotions et nos comportements pour faire face aux nouvelles réalités de notre vie.

L'adaptation implique souvent un processus de deuil, où nous devons dire au revoir à ce qui était autrefois familier et intégrer les nouveaux éléments dans notre identité et notre vision du monde. Cela peut prendre du temps et nécessiter une période d'ajustement, mais l'adaptation est une étape essentielle pour nous permettre de continuer à avancer et à trouver un nouvel équilibre dans notre vie.

Une autre stratégie importante pour gérer le stress lié aux changements majeurs est la recherche de soutien social. Lorsque nous sommes confrontés à des transitions difficiles, le soutien émotionnel, pratique et informatif de nos proches peut jouer un rôle crucial dans notre capacité à faire face et à nous ajuster. Des études ont montré que le soutien social est associé à une réduction du stress, une amélioration du bien-être émotionnel et une augmentation de la résilience face aux changements de vie.

La gestion du stress lié aux changements majeurs nécessite également de développer des compétences en matière de résolution de problèmes. Il est important d'identifier les défis spécifiques que nous rencontrons et d'élaborer des stratégies concrètes pour les surmonter. Cela peut inclure l'établissement d'objectifs réalisables, la recherche d'informations et de ressources, ainsi que l'élaboration de plans d'action concrets.

La pratique de techniques de relaxation et de gestion du stress peut également être bénéfique. Des approches telles que la respiration profonde, la méditation, le yoga ou la visualisation positive peuvent aider à réduire les niveaux de stress, à favoriser la détente et à améliorer notre capacité à faire face aux défis des changements majeurs dans notre vie.

Enfin, il est important de noter que la gestion du stress lié aux changements majeurs est un processus individuel et unique à chaque personne. Il n'y a pas de solution universelle, mais il est essentiel d'être patient avec soi-même et d'accepter que les transitions prennent du temps. En cultivant l'acceptation, la résilience et la bienveillance envers nous-mêmes, nous pouvons développer notre capacité à faire face aux défis et à trouver un nouvel équilibre dans notre vie.

En conclusion, gérer le stress lié aux changements majeurs dans la vie est un défi complexe mais surmontable. En utilisant des stratégies psychologiques telles que l'adaptation, le soutien social, la résolution de problèmes et la relaxation, nous pouvons favoriser notre bien-être émotionnel et notre capacité à faire face aux défis de la vie. N'oublions pas que chaque transition offre également des opportunités de croissance personnelle et de transformation. En nous engageant dans ce processus avec résilience et ouverture, nous pouvons émerger plus forts et plus épanouis de ces changements majeurs.

Surmonter les épreuves et les périodes de crise

une exploration scientifique et psychologique pour trouver la résilience et la croissance personnelle

Dans la vie, nous sommes inévitablement confrontés à des épreuves et des périodes de crise qui mettent notre résilience à l'épreuve. Que ce soit une perte personnelle, une maladie, un échec professionnel ou tout autre événement difficile, ces moments peuvent sembler ccablants et nous laisser avec un sentiment de désespoir. Cependant, il est possible de surmonter ces épreuves et d'en sortir plus forts et plus résilients.

La recherche scientifique et la psychologie nous fournissent des outils précieux pour faire face à ces défis et favoriser notre résilience. L'un des éléments clés est la manière dont nous interprétons et réagissons aux épreuves. Une perspective positive et un état d'esprit de croissance peuvent jouer un rôle essentiel dans notre capacité à surmonter les difficultés.

La psychologie de la croissance post-traumatique suggère que les épreuves peuvent en réalité être des opportunités de transformation personnelle. Lorsque nous sommes confrontés à des moments difficiles, nous avons la possibilité de développer de nouvelles compétences, de renforcer notre résilience émotionnelle et de revoir nos priorités dans la vie. En adoptant une attitude de croissance, nous pouvons tirer des leçons de nos épreuves et nous réinventer.

Une autre stratégie importante pour surmonter les épreuves et les périodes de crise est de rechercher un soutien social. Le partage de nos expériences et de nos émotions avec des proches compréhensifs peut nous aider à traverser ces moments difficiles. Les relations de soutien peuvent offrir un soutien émotionnel, des conseils pratiques et une perspective différente sur la situation, nous aidant ainsi à trouver des solutions et à faire face aux défis.

La pratique de la pleine conscience peut également être une ressource précieuse dans les moments de crise. La pleine conscience nous permet de nous ancrer dans le moment présent, de cultiver la résilience émotionnelle et de réduire le stress associé aux épreuves. En nous concentrant sur l'instant présent et en acceptant nos émotions, nous pouvons mieux faire face aux difficultés et trouver un sens plus profond dans nos expériences.

Il est important de souligner que surmonter les épreuves et les périodes de crise demande du temps et de la patience. Chacun traverse ces moments à son propre rythme, et il est essentiel d'être bienveillant envers soi-même tout au long du processus. La résilience se construit progressivement, étape par étape, et il est important de se permettre d'exprimer ses émotions, de prendre soin de soi et de rechercher les ressources nécessaires pour se rétablir.

En conclusion, surmonter les épreuves et les périodes de crise est un défi qui demande de la résilience, de la persévérance et du soutien. En adoptant une attitude de croissance, en recherchant un soutien social et en pratiquant la pleine conscience, nous pouvons développer notre résilience émotionnelle et trouver un sens dans nos expériences difficiles. N'oublions pas que ces moments d'adversité peuvent également être des opportunités de croissance personnelle et de transformation. En nous engageant activement dans ce processus, nous pouvons émerger plus forts, plus sages et plus épanouis de nos épreuves.

Chapitre 10 : La Gestion du Stress à Long Terme

Maintenir de saines habitudes de gestion du stress

Dans notre vie trépidante et souvent chaotique, le stress peut devenir une constante dévorante si nous ne mettons pas en place des habitudes de gestion efficaces. La recherche scientifique nous révèle l'impact dévastateur du stress chronique sur notre santé, allant des troubles du sommeil et de l'humeur aux maladies cardiovasculaires et au dysfonctionnement immunitaire. Il est donc essentiel de cultiver des habitudes de gestion du stress saines et durables pour préserver notre bien-être global.

Une des premières habitudes clés est la pratique régulière de techniques de relaxation. Des approches telles que la respiration profonde, la méditation, le yoga et la relaxation musculaire progressive ont prouvé leur efficacité pour réduire les niveaux de stress, calmer l'esprit et détendre le corps. Ces pratiques nous permettent de ralentir le rythme effréné de la vie moderne, de nous reconnecter avec nous-mêmes et de cultiver un état de calme intérieur.

Une autre habitude importante est de veiller à une alimentation équilibrée et nourrissante. Des études scientifiques démontrent que certains aliments peuvent jouer un rôle dans la régulation du stress. Par exemple, des aliments riches en vitamines B, en magnésium et en oméga-3 peuvent contribuer à réduire l'anxiété et favoriser une meilleure gestion du stress. De plus, une alimentation équilibrée et variée fournit les nutriments nécessaires au bon fonctionnement de notre corps et de notre esprit, renforçant ainsi notre résilience face au stress.

L'activité physique régulière est également essentielle pour maintenir de saines habitudes de gestion du stress. Lorsque nous faisons de l'exercice, notre corps libère des endorphines, des neurotransmetteurs qui favorisent une sensation de bien-être et réduisent le stress. De plus, l'exercice physique aide à relâcher les tensions musculaires accumulées et améliore la qualité du sommeil, deux éléments clés dans la gestion du stress.

La mise en place d'une routine de sommeil régulière et réparatrice est une autre habitude importante pour gérer le stress. Le manque de sommeil ou un sommeil de mauvaise qualité peuvent aggraver les symptômes du stress et compromettre notre capacité à faire face aux défis de la vie. Créer un environnement propice au sommeil, adopter des rituels relaxants avant le coucher et respecter une heure de coucher régulière sont des pratiques qui favorisent un sommeil réparateur et contribuent à une gestion plus efficace du stress.

Enfin, il est essentiel de cultiver des habitudes de gestion du temps et des priorités. Lorsque nous nous sentons dépassés par les multiples responsabilités et engagements, le stress peut s'intensifier. Apprendre à établir des priorités claires, à déléguer lorsque possible, à dire non lorsque nécessaire et à créer des espaces de repos et de détente dans notre emploi du temps chargé sont des pratiques essentielles pour prévenir et gérer le stress.

En conclusion, maintenir de saines habitudes de gestion du stress est un investissement précieux pour notre bien-être physique et mental. En pratiquant régulièrement des techniques de relaxation, en adoptant une alimentation équilibrée, en faisant de l'exercice physique, en favorisant un sommeil réparateur et en gérant efficacement notre temps, nous renforçons notre résilience face au stress et préservons notre équilibre global. N'oublions pas que ces habitudes demandent de la pratique et de la constance, mais les bénéfices en valent largement la peine. En prenant soin de nous-mêmes, nous sommes mieux préparés à faire face aux défis de la vie avec calme, force et clarté d'esprit.

Intégrer des pratiques régulières de relaxation et de méditation

un voyage intérieur vers la paix et l'épanouissement

Dans notre monde trépidant et souvent stressant, il est impératif de trouver des moments de calme et de tranquillité pour notre bien-être émotionnel et mental. Les pratiques régulières de relaxation et de méditation offrent une porte d'entrée vers un état de paix intérieure, une clarté mentale et une connexion profonde avec notre être.

La relaxation, qu'elle soit pratiquée à travers des techniques de respiration profonde, de visualisation ou de relaxation musculaire, nous permet de relâcher les tensions accumulées dans notre corps et de libérer le stress qui nous oppresse. En nous accordant ces moments de détente, nous activons notre réponse de relaxation, un mécanisme physiologique qui induit un état de calme profond et réduit les niveaux de cortisol, l'hormone du stress.

La méditation, quant à elle, nous ouvre les portes de la pleine conscience et de l'observation détachée de nos pensées et émotions. En cultivant la présence et l'attention consciente, nous développons une capacité à observer nos pensées sans y adhérer, à reconnaître nos émotions sans les laisser nous submerger. Cette pratique nous permet de prendre du recul par rapport aux tourbillons de notre esprit, de cultiver la stabilité émotionnelle et d'améliorer notre capacité de concentration.

Des études scientifiques ont démontré les nombreux bienfaits de ces pratiques régulières. La relaxation et la méditation sont associées à une réduction significative du stress, de l'anxiété et de la dépression. Elles favorisent également une meilleure qualité du sommeil, une régulation émotionnelle plus efficace, une augmentation de l'estime de soi et une amélioration des capacités cognitives telles que la concentration et la créativité.

Pour intégrer ces pratiques dans notre quotidien, il est important de créer un espace dédié à la relaxation et à la méditation. Que ce soit un coin tranquille dans notre maison, un coin de nature paisible ou même un espace virtuel, l'essentiel est de pouvoir s'y consacrer régulièrement, même pour quelques minutes par jour. Fixer un horaire régulier peut également nous aider à maintenir cette discipline.

Commencer par de courtes séances de relaxation guidée ou de méditation peut être bénéfique pour les débutants. Il existe de nombreuses ressources accessibles, telles que des applications mobiles, des vidéos en ligne ou des livres, qui peuvent nous guider dans notre pratique. À mesure que nous acquérons de l'expérience, nous pouvons adapter notre pratique en fonction de nos besoins et de nos préférences, en explorant différentes techniques et approches.

Il est important de souligner que la régularité est la clé du succès. La pratique de la relaxation et de la méditation ne donne pas toujours des résultats immédiats, mais avec le temps, elle permet de cultiver une présence consciente et de développer des ressources internes pour faire face aux défis de la vie.

En conclusion, intégrer des pratiques régulières de relaxation et de méditation est un véritable cadeau que nous pouvons nous offrir pour notre bien-être physique et mental. Ces pratiques nous aident à trouver un espace intérieur de paix et de clarté, à libérer le stress et à cultiver la stabilité émotionnelle. Que nous soyons débutants ou pratiquants expérimentés, il est essentiel de nous engager dans cette démarche avec régularité et ouverture d'esprit. En faisant de la relaxation et de la méditation une priorité dans notre vie, nous ouvrons la voie vers une existence plus équilibrée, plus consciente et plus épanouissante.

Trouver un soutien social et professionnel

le pouvoir des relations humaines dans notre bien-être et notre réussite

Les relations que nous entretenons avec les autres jouent un rôle essentiel dans notre vie, tant sur le plan personnel que professionnel. La recherche scientifique, sociologique et psychologique met en évidence l'importance du soutien social et professionnel dans notre bien-être émotionnel, notre santé mentale et notre réussite.

D'un point de vue sociologique, notre besoin de connexion et de soutien social est ancré dans notre nature humaine. Les relations significatives et nourrissantes nous offrent un sentiment d'appartenance, de sécurité et de valeur personnelle. Elles nous aident à traverser les moments difficiles, à célébrer les succès et à donner un sens à notre existence. Des études montrent que les individus qui bénéficient d'un soutien social solide sont moins enclins à développer des troubles de l'humeur, de l'anxiété et de la dépression.

Sur le plan professionnel, le soutien social est également crucial. Des relations de travail positives et un environnement de soutien favorisent la motivation, l'engagement et la satisfaction au travail. Un réseau professionnel solide nous offre des opportunités de développement de carrière, de mentorat et de collaboration. Des études ont montré que les personnes qui bénéficient d'un soutien professionnel sont plus performantes, plus résilientes face au stress professionnel et plus satisfaites de leur travail.

En psychologie, le soutien social est considéré comme une ressource précieuse pour faire face aux défis de la vie. Les relations sociales nourrissantes et de qualité nous offrent un espace pour exprimer nos émotions, obtenir des conseils pratiques et émotionnels, ainsi que des perspectives différentes sur les situations difficiles. Le soutien social favorise également la régulation émotionnelle, réduit le stress et améliore notre bien-être général.

Il existe différentes sources de soutien social et professionnel que nous pouvons cultiver dans notre vie. La famille, les amis, les collègues, les mentors et les communautés sont autant de sources potentielles de soutien. Il est important de chercher activement des relations positives et de qualité, basées sur l'écoute, l'empathie et le respect mutuel. L'investissement dans ces relations nécessite du temps, de l'attention et de la réciprocité.

En outre, les nouvelles technologies offrent également des opportunités pour développer et maintenir des relations sociales et professionnelles. Les réseaux sociaux, les groupes en ligne et les plateformes de collaboration professionnelle nous permettent de rester connectés et de trouver des communautés partageant les mêmes intérêts.

En conclusion, trouver un soutien social et professionnel est essentiel pour notre bien-être émotionnel, notre santé mentale et notre réussite. Les relations significatives et nourrissantes nous offrent un sentiment d'appartenance, de sécurité et de valeur personnelle. Que ce soit dans notre vie personnelle ou professionnelle, il est important de cultiver des relations positives et de qualité, basées sur l'écoute, l'empathie et le respect mutuel. En investissant dans ces relations, nous enrichissons notre vie et créons un réseau de soutien solide qui nous accompagne dans les moments de joie et de difficulté.

Évaluer régulièrement son niveau de stress et s'adapter en conséquence

une clé essentielle pour préserver notre bien-être physique, émotionnel et mental

Dans notre vie moderne et trépidante, il est facile de se laisser submerger par le stress. Les multiples responsabilités, les exigences professionnelles, les pressions sociales et les changements constants peuvent tous contribuer à une augmentation du stress dans notre vie quotidienne. Cependant, il est crucial de prendre conscience de notre niveau de stress et de s'adapter en conséquence pour préserver notre santé et notre équilibre.

L'évaluation régulière de notre niveau de stress nous permet de prendre conscience de nos signaux d'alerte et d'identifier les domaines de notre vie qui sont les plus susceptibles de générer du stress. Il peut s'agir d'une surcharge de travail, d'un manque de temps pour les loisirs, de difficultés relationnelles ou de tout autre facteur de stress spécifique à notre situation. En reconnaissant ces sources de stress, nous pouvons prendre des mesures pour les atténuer et les gérer de manière proactive.

Une fois que nous avons identifié les domaines de notre vie qui contribuent à notre stress, il est important de mettre en place des stratégies d'adaptation appropriées. Ces stratégies peuvent varier en fonction de nos préférences et de notre situation individuelle, mais certaines approches sont universellement bénéfiques.

La gestion du stress passe par la pratique régulière de techniques de relaxation, telles que la respiration profonde, la méditation, le yoga ou la relaxation musculaire progressive. Ces techniques nous aident à calmer notre esprit, à détendre notre corps et à réduire les niveaux de cortisol, l'hormone du stress. En intégrant ces pratiques dans notre routine quotidienne, nous cultivons un espace de calme intérieur et de régénération.

Il est également important d'établir des limites claires et de respecter notre capacité à gérer les demandes de notre vie quotidienne. Apprendre à dire non lorsque nécessaire, déléguer des tâches, établir des priorités et mettre en place des routines structurées peuvent tous contribuer à réduire notre niveau de stress et à préserver notre équilibre.

La gestion du stress implique également de prendre soin de notre corps par le biais d'une alimentation équilibrée, de l'activité physique régulière et d'un sommeil de qualité. Ces éléments fondamentaux soutiennent notre système immunitaire, régulent nos émotions et renforcent notre résilience face au stress.

Il est essentiel de souligner que l'évaluation régulière de notre niveau de stress et l'adaptation en conséquence ne sont pas des tâches ponctuelles, mais plutôt un processus continu. La vie est en constante évolution, et nos sources de stress peuvent changer au fil du temps. En restant conscients de notre état émotionnel, en écoutant notre corps et en ajustant nos stratégies d'adaptation, nous pouvons maintenir notre équilibre et notre bien-être à long terme.

En conclusion, évaluer régulièrement notre niveau de stress et nous adapter en conséquence est une pratique essentielle pour préserver notre bien-être physique, émotionnel et mental. En prenant conscience de nos sources de stress, en mettant en place des stratégies d'adaptation appropriées et en prenant soin de nous-mêmes, nous pouvons cultiver un équilibre durable dans notre vie. N'oublions pas que la gestion du stress est un voyage personnel et unique à chaque individu. En investissant dans notre propre bien-être, nous créons les conditions propices à une vie épanouissante et équilibrée.

Conclusion

En conclusion, la gestion du stress est une quête profonde et vitale dans notre parcours de vie. À travers une exploration scientifique, psychologique et sociologique, nous avons découvert les multiples facettes de ce défi universel. Nous avons plongé dans les mécanismes complexes du stress, scruté les conséquences dévastatrices de son emprise et révélé les clés pour y faire face avec résilience.

Les recherches scientifiques ont éclairé notre chemin en nous montrant les liens entre le stress et notre bien-être physique, mental et émotionnel. Nous avons compris l'impact du stress chronique sur notre santé, nos relations et notre accomplissement personnel. Les études ont validé les stratégies telles que la relaxation, la méditation, l'exercice physique et la gestion du temps comme des alliées puissantes dans notre lutte contre le stress.

La psychologie a révélé les trésors enfouis en nous, ces ressources internes que nous pouvons exploiter pour nous soutenir face aux épreuves. Nous avons découvert l'importance de l'autocompassion, de l'amour de soi, de la résilience et de la pensée positive. Ces joyaux intérieurs nous permettent de traverser les tempêtes avec grâce, de nous relever après chaque chute et de transformer nos épreuves en catalyseurs de croissance et de transformation.

La sociologie nous a montré l'impact des relations humaines dans notre quête du bien-être. Le soutien social et professionnel, les liens familiaux, les amitiés nourrissantes et les interactions positives sont autant de piliers qui soutiennent notre résilience. Ils nous aident à porter le fardeau du stress collectivement, à partager nos expériences et à trouver des réconforts dans les bras de ceux qui nous entourent.

À travers cette odyssée de la gestion du stress, nous avons appris que nous sommes les héros de notre propre histoire. Nous avons le pouvoir de choisir comment nous répondons aux défis qui se présentent à nous. Nous pouvons transformer le stress en opportunité, la douleur en croissance et l'adversité en force. En cultivant la pleine conscience, l'empathie, la gratitude, l'amour de soi et l'équilibre, nous nous élevons au-dessus des tourments du stress et embrassons une vie pleine de sens, de connexion et de joie.

Alors, avançons avec détermination sur ce chemin de découverte de soi, de maîtrise du stress et de réalisation de notre plein potentiel. Puissions-nous incarner les leçons apprises, partager notre sagesse et devenir des phares d'inspiration pour les autres. Ensemble, nous pouvons transformer le monde, en commençant par notre propre bien-être.

Souvenons-nous que la gestion du stress n'est pas une destination finale, mais un voyage continu. C'est un appel constant à l'écoute de soi, à l'adaptation, à la réflexion et à l'action. Avec courage et persévérance, nous créons notre propre histoire de résilience et de transformation.

Alors, libérons-nous des chaînes du stress, embrassons notre pouvoir intérieur et osons vivre une vie épanouissante et équilibrée. Car nous méritons tous d'être des êtres épanouis, ivant dans la paix intérieure et le bien-être, rayonnant de notre lumière unique dans ce monde complexe.

Que cette aventure de la gestion du stress soit une source d'inspiration, de guérison et de croissance pour chacun d'entre nous. Et que nous puissions trouver la force, la sérénité et la résilience nécessaires pour embrasser pleinement la vie qui nous est offerte.

Plongez dans un voyage captivant à travers les méandres du stress et de la résilience. Dans ce périple psychologique et scientifique, vous découvrirez les impacts dévastateurs du stress sur notre santé physique et mentale, ainsi que des stratégies éprouvées pour le gérer avec brio. Vous explorerez les vertus de la relaxation, de la méditation et de l'exercice physique pour apaiser votre esprit tourmenté et renforcer votre corps résistant. Vous comprendrez l'importance des relations humaines, qu'elles soient sociales ou professionnelles, dans la construction de votre équilibre émotionnel. Vous découvrirez comment développer une vision positive de la vie, cultiver la gratitude et nourrir votre estime de soi pour surmonter les épreuves et les crises. Vous apprendrez à vous respecter, à fixer vos limites et à accorder du temps précieux à votre bien-être personnel. En évaluant régulièrement votre niveau de stress, vous serez en mesure de vous adapter et d'ajuster vos pratiques pour préserver votre sérénité. Vous intégrerez des habitudes saines dans votre vie, vous cultiverez la compassion envers vous-même et les autres, et vous deviendrez un véritable maître de la gestion du stress. Ce récit captivant vous guidera vers une vie épanouissante, vous libérant des chaînes du stress et vous permettant de briller avec force et clarté. Préparez-vous à embrasser votre pouvoir intérieur et à transformer votre existence en une symphonie harmonieuse de bien-être et de résilience.